よみがえる天才 3

モーツァルト

岡田暁生 Okada Akeo

★——ちくまプリマー新書

358

目次＊Contents

はじめに

ヴォルフガング・アマデウス・モーツァルト——いわずと知れた音楽史の最大の天才である。数多の大作曲家のなかでも彼は格違いの存在であり、それを認めなかった音楽家など一人もいない。

こんな別格の天才を私たちは、ともすれば雲上人あつかいしがちである。自分ごとき者と何の縁もあるはずがない偉人、凡人には到底理解できるはずのない狂気の人等々。

だが、ことモーツァルトに限っていえば、「仰ぎ見る」くらい彼にふさわしくないことはないと私は思う。大指揮者のカール・ベームがかつて、「もしベートーヴェンに出会ったら私は敬意のあまりひれ伏すだろう、だがモーツァルトに出会ったとしたら喜びのあまりかけよって肩を抱くだろう」という意味のことをいっていた。まことにその通りである。モーツァルトの天才の特異さは、桁外れの才能が「ごく普通の人間」、私たちとそう変わらない一人の人間と結びついていたことにある。

私たちとそう変わらない普通の人——これは驚くべきことではないだろうか。何といってもモーツァルトが生まれたのは、いまから二百五十年以上も前なのである。インターネットや飛行機はおろか、自動車も蛍光灯もガスもないような時代に、彼は生まれた。にもかかわらず彼の音楽は、いまの私たちにとっていまだにわが事のように思える何かを伝えてくる。そして国境を越え、時代を超え、民族を超え、社会を超えて輝く。

桁違いの才能に恵まれて生まれてしまったことを除けば、彼は多くの点でそれなりに普通の人生を送ったのではないかと思う。親子関係や恋愛や結婚をめぐるわずらわしさと夢と失望、金の工面の苦労と自分の職へのプライドと努力、人恋しさと意地悪さとウィット、野心と諦め、そして死への恐怖——すべて誰もが何かしら経験することである。それを彼は宝石のようにきらめく音楽で表現した。

この本で私は、モーツァルトの音楽の何がそんなにも天才的なのかを、出来るだけ具体的に説明しようと思った。また「人間としてのモーツァルト」を、出来るだけ身近なものとして描こうとした。もし皆さんが一読して「人間って憎めないものだな……」と思ってくれたら、著者としてはそれが一番うれしい。

第1章　モーツァルトの比類なさはどこに？

楽しいのに寂しい——強いのに壊れそう

モーツァルトについて論じた本はあまりにも多い。それらすべてを丁寧に読んでいるだけで人生が三つくらいあっという間に終わってしまいそうだ。だがモーツァルトの音楽そのものについて、その一体どこがどのように凡百の作曲家と違うのかと問うて、具体的な答えを示してくれるものは、そんなに多くない。

たとえば一昔前に大変よく読まれた小林秀雄のモーツァルト論。そのなかでもっとも知られていたのは「モオツァルトのかなしさは疾走する」の一節であったが、こんなことをいわれても、すくなくとも私はあまり要領を得なかった。また哲学者キルケゴールの『あれかこれか』のなかのエッセイも有名だし、モーツァルトの音楽における「エロス」に注目したという点で歴史的に重要な著作だが、これとて私にはもうひとつピンと来ない。小林のモーツァルト論ともども、いいたいことはわかるのだが、レトリック過剰が気になる。音楽の簡潔さに対して、余計な言葉を連ねすぎていると感じてしまう。モーツァルトの音楽の輝くシンプルさは、言葉の余剰と空回りをあっという間に浮き上がらせてしまう。だからモーツァルトについて書くのは怖い。音楽家がよく「モーツァルトを弾くのが一番怖い、あまりにもシンプルだから雑念があるとあっという間にばれてしまう」と口にするが、とてもよくわかる。

モーツァルトの音楽の核心的な部分を率直かつ最短距離で語った文章として、私はいつも指揮者の井上道義氏の短いエッセイを思い出す。これはある演奏会のプログラムに載せられたもので、本を買って読むというわけにはいかないので、すこし長めに引用しておこう（『サラ・デイヴィス・ビュクナー　モーツァルト公演』二〇一八年九月八日〜二十二日、京都府民ホール〝アルティ〟）。

隣にいたら楽しい奴だっただろう。何故(なぜ)かというと、君の中にあるちょっとした嘘(うそ)、人のせい社会のせいにしている狡(ずる)さを笑いと共にえぐり出してくれるもう一人の君のような奴だから。

僕は本を読めば読むほど、神童と言われるような才能を持った人の人生は大変だと思うのだ。何故、自分が出来ることを他の人が出来ないのか判らないのかもしれない。きっと人がアホに見えるだろう。でも普段は普通に常人のように行動をしなければいけないのだから大変だ。そうはいっても普通の人に出来ることで、彼に出来ないことは必ずあるから、彼も普通の人と同じだけコンプレックスを持った。

彼の音楽を演奏するとき、一番大切なのは「多くの表現が二重の内容を秘めていること」を知ることだ。以前、元気なころの長嶋(ながしま)監督と読売交響楽団のコンサート後の対談の時、立教時代や巨人に入ったばかりの時、よくモーツァルトを聴いていて、同じ曲が、ある時は自分を元気付け、ある時はあちらから悲し気に共感を求めてくるのが不思議だったと言って、そのあまりに当を射たモーツァルト像に驚嘆した。そう！　楽しいのに寂しい、強いのに壊れそう、得意げなのに自信無げだったりする……。

「楽しいのに寂しい」——もちろんこれ以外にも、モーツァルトの音楽には無数の顔がある。完璧なる優美、子どもの無垢、美の残酷と嘘、壊れたような狂気、そして死の臭い……。しかしモーツァルトの音楽という万華鏡の中核にあるものが、井上氏のいう「楽しいのに寂しい、強いのに壊れそう」であることを、私は確信している。

「うつろい」への異常な感性

いうまでもないが、私たちの感情生活には「雲一つない快晴」も、「土砂降り」も、滅多にない。たいがい私たちは「晴れ時々曇り」と「曇り時々雨」の中間を生きている。モーツァルトが比類なく優美に音にしたのは、まさにこのファジーな領域だ。カッコいい名曲、ハイにしてくれる名曲、悲しい名曲は数多い。しかしつかみどころのない「悲しいけれどうれしい」や「うれしいけど悲しい」を作曲し得たのは、音楽史でただ一人、モーツァルトだけである。

「楽しいのに寂しい」の例として、語りたい曲、語るべき曲はあまりにも多い。しかし

「ただ一つ」といわれるなら、私は迷わずピアノ協奏曲第二十五番の冒頭を挙げる。その第一楽章は、壮麗としかいいようのない輝かしい全楽合奏で始まる。力にみなぎり、歓声に包まれて、待ちに待った胸躍る時間が始まる――しかしものの三十秒もしないうち、潮が引くように全楽合奏の歓呼は遠のき、さきほどまで光り輝いていた太陽の前を雲が通り過ぎ、音楽に影が差し込む。短調の木管の短いパッセージがそれだ。このかすかな不安は瞬く間にただならぬ胸騒ぎとなって、いてもたってもいられなくなったかのように、ヴァイオリンが短調で駆け出していく（たいがいの演奏でおよそ三十五秒あたりである）。「あの人はどうしている？　大丈夫だろうか……？」――そんな不安に音楽がとらえられる。だが程なくして安堵が訪れる。「ああ……無事でよかった！」といわんばかりに、今度こそ一点の曇りもない歓喜が爆発する（四十五秒あたりから）。音楽は冒頭にも勝る力強さでもって幸福を歌い上げる。祝典は果てしなく続く。ここまでわずか一分。なんという感情の陰影、なんという速度、なんという流麗！

人間感情のうつろいに対するモーツァルトの感性は尋常ではない。目まぐるしく濃淡が変化し続ける心理の綾。それをモーツァルトは最短距離でとらえる。世間で「名曲」

と呼ばれるものですら、その大半はもっと濃淡が単調だ。たとえばクライスラーの『愛の喜び』。とても素敵なメロディーである。だが情緒の色調はまったく変わらないまま、ずっと曲は続く。理由もなくふと悲しくなるとか、悲しいのだかうれしいのだか自分でもわからないとか、不安が一気に歓喜へ反転するだとか、そんな瞬間はここにはない。

モーツァルトは特別な人間を描いたりしない

この「感情のうつろいへの感性」と並んでもう一つ、モーツァルトが描いたのが「ごく普通の人間の情感」だったということを、私はここで強調しておきたい。先に引用したエッセイで井上道義氏は、「彼は、のちにこんなに世界中でもてはやされることなんぞこれっぽっちも考えないうちに死んだ」と書いているが、実際モーツァルトは特別な人間の特別な感情を描いたわけではない。「偉人」という言葉くらいモーツァルトに似合わないものはない。彼は自分が特別な人間だと誇示したりはしない。彼が描くのは、私たちすべてがそうであるような、等身大で生身の人間なのだ。

たとえば先にスケッチしたピアノ協奏曲第二十五番の冒頭を聴くたびに私は、どういうわけかクリスマスの賑(にぎ)やかな雑踏のなかを待ち合わせ場所へ急ぐ若者を連想する。今日は最高に幸せな日になるはず――しかし人というのは得てして、そんな瞬間の只中(ただなか)で理由もなく不安にかられないか。「本当に来てくれるだろうか……」と。いまどきの若い人なら急いでラインで連絡をとるのだろう。そして程なく「あと五分で着くよ」とレスが来た瞬間の安堵はいかばかりだろう？　特別な人でなくとも誰でも経験することだ。そして人間がもっとも混じりけのない幸福を感じるのは、こんなたわいもない人生のプチドラマの一瞬においてではないか？　モーツァルトが描くのは、誰もが経験するこんな淡い一瞬の幸福の輝きである。

私たちはややもすると、偉大な芸術作品は「えらい人」が作った「えらい人」のためのもので、そこでは「えらい人」の特別な感情ドラマが描かれていると思いがちだ。これが行き過ぎると、鼻もちならない教養主義になってしまう。「芸術はえらい人が作る、だから芸術がわかる私は（も）えらい」⁉――こんなエセ権威主義はモーツァルトからもっとも遠いものだ。そもそも彼が何より嫌ったのは「えらそうなもの」であった。そのオペラを見れば一目瞭然だが、そしてこれは後にまた触れることになるが、「えらい人」が舞台に出てくるとどこかそれを茶化したり、あるいは冷たくてつまらない人間として描きたがるのがモーツァルトである。逆に、誰もが経験するちっぽけでありふれた、しかしそれでも限りなく愛しい一瞬の喜怒哀楽となると、俄然モーツァルトの筆は走り始める……。

私たちが人間である限り、必ずやモーツァルトの音楽は心の琴線のどこかに触れてくる。なぜかといえば、彼が描くのはどんな普通の人でも必ず経験する（したことのある）感情だから。つまり彼の音楽を理解するのに特別な人である必要はない。「えらい人」である必要はない。普通に人間でありさえすればいい。モーツァルトの天才は、まさにここにこそ、モーツァルトの音楽の並外れた普遍性がある。モーツァルトの天才は、異様な早熟でも、傷一つない流麗さでも、狂気と薄幸でもなく、「人間が人間であるための条件」を描き尽くしたことにある。「人間の条件」などというとものものしいが、別に特別なことではない。ありきたりの人間の喜びと悲しみの間の無限の綾を愛しいと思うこと――これだけがモーツァルトの天才を理解するための条件とすらいっていいだろう。

第2章　「天才君」の栄光と悲惨

「天才少年」はいくらでもいる？

モーツァルトの人生と創作を理解するための重要なキーワード。それは「天才少年」と「教育パパ」と「核家族」だ。要するにモーツァルトは、「パパとママとお姉ちゃんと僕」がいる核家族に生まれ、教育パパに早くから芸を仕込まれた「天才君」だったのである。

周知のように今日なお、音楽だけでなく芸能界にもスポーツ界にも、そしてもちろん受験競争においても、この手のカッコつき天才はいくらでもいる。子どもを有名芸能事務所に、有名野球球団に、有名大学医学部に入れようと狂奔するパパやママに育てられた少年少女たち。彼らはみんなある意味でモーツァルトの遠い末裔（まつえい）だ。そしてモーツァルトもまた、当初の生い立ちにおいて、決して世に少なくはない「天才君」の一人にすぎなかった――これが私の見立てだ。

たしかに彼は幼いころから何でも自在に出来た。目隠しをして（あるいは鍵盤に布を掛けられて）見事にピアノを弾いてみせた、ヴァチカンで写譜を禁じられていた作品を一度耳にしただけで楽譜に書いた等々。天才少年にはこうした聖徳太子（しょうとくたいし）風の伝説が似合う。だが「この程度の」天才なら音楽の歴史にいくらでもいたと、敢えて私はいいたい。たとえばメンデルスゾーン。彼はひょっとするとモーツァルトをさらに上回るかと思う天才少年だったが、わずか十六歳の時に作曲した『八重奏』、あるいは『真夏の夜の夢』序曲は、モーツァルトの同年齢のときの作品と比べてすら、圧倒的な完成度と輝きと強烈な個性の刻印がある。フランスのサン＝サーンスも「モーツァルトを凌（しの）ぐ」といわれた神童で、二歳でピアノを自由に弾き、三歳で作曲したといわれる。

ベートーヴェンも、あるいはモーツァルトの内弟子でもあったフンメルという作曲家／ピアニストも、熱心な教育パパに育てられた天才少年として有名だった。いまではほとんど忘れられているマイヤベーアという作曲家は、十九世紀には「第二のモーツァルト」として知られ、トーマス・マンの長編小説『ブッテンブローク家の人々』の終わりのほうに面白いエピソードが出てくる。幼い主人公はピアノに抜群の天賦の才を示すのだが、それを見た彼の叔母が、「この子はモーツァルトですわ！　マイヤベーアですわ！」と叫ぶ一節があるのだ。この叔母はミーハーであまり教養のないご婦人として描かれているのだが、「そんな彼女でも知っている名前」として出てくるのがマイヤベーアなのだ。

レオポルト・モーツァルト——世界で最初の教育パパ

モーツァルトの比類のなさを真剣に理解したいと思うなら、たんに神童伝説に驚嘆するのではなく、子どものころに「天才君」だったことが後の創作に何をもたらしたのかを問うことが大切だ。モーツァルトに限らず、幼少期に天才扱いされるということは、後の生き方に消し難いトラウマじみた刻印を残さずにはおかないはずであって、その歪みの部分に目を凝らさなければならないと思うのだ。そしてそのためにはまず、彼の父親レオポルトのことを知らなければならないだろう。

先ほども書いたように、天才君と教育パパ／ママはいつもセットだ。自分が果たせなかった夢を子どもに託する「子どもが趣味」の親。レオポルトはそんな教育パパの典型であった。そして同時に、これはとても重要なことであるが、レオポルトこそは音楽史上で最初の「教育パパ」であった。私の知る限り、自分の息子を「天才少年」に仕立てようとした父親などというものは、彼以前に存在しなかった。

一七一九年に生まれたレオポルト・モーツァルトは、ザルツブルク在住のうだつのあがらぬ二流の楽師であったが、ある種の天才的な商売感覚に恵まれた人物だったと見える。モーツァルトが生まれたのと同じ一七五六年に、レオポルトはヴァイオリンの教則本を出版し、これが大いに当たった。「教則本」などというものがまだ非常に珍しかった時代に、彼はこれがビッグビジネスになることを見抜いていたのである。自分自身の腕前はたいしたことのない人物が「教育マニュアル本」で当たり、自分の子どもの教育でも大成功する――それがレオポルト・モーツァルトだった。

レオポルトとヴォルフガング親子が生きた十八世紀後半は一般にアンシャンレジームといわれ、フランス革命を目前にして王権政治はもはや風前の灯（ともしび）、いわゆる啓蒙（けいもう）主義と呼ばれる運動が台頭してきた時代である。ルソー、ディドロ、ヴォルテール、カントといった名前がすぐに浮かぶであろう。彼らは宗教やまじないの類を排し、理性による世界の認識を重視し、こうして得られた知識を広く書籍と教育によって広めることにより人びとの蒙昧（もうまい）を解いて、すべての人が分け隔てなく主体的に参加できる社会の到来を夢見た。

こんな風に書くといかにも世界史の教科書のような記述だが、要するに私が指摘したいのは、レオポルトの教育パパぶりがまさにこうした時代潮流への嗅覚と無縁ではなかったということである。

教育ビジネスで成功する！

端的にいって啓蒙主義とは「理性による脱宗教」であり、権力の源泉たる知識や技術を一握りの王侯貴族（そして宗教者）に独占させず、教育を通して人びとが自分の理性によってものごとを客観的に見られるようにすれば、そして少数者の独占物だった知識と技術を民衆が自ら獲得できるようにすれば、人びとはもはや王侯貴族にいいように搾取されることはなくなるだろうという発想であった。

こんな啓蒙主義運動にとって重要だったのが、当時急速に台頭しつつあった出版業である。当時の本とはいまでいえばＳＮＳのようなものであって、最先端の知をリアルタイムで、国境を越えて公開し共有できる新ツールであった（当時の書籍はアムステルダムとパリといった具合に、国境を越えて同時出版されることが多かった）。従来は貴族だけが有能な家庭教師を雇って、すぐれた教育を受けることが出来た。だが出版という新ツールを使って教育を行えば、すべての人びとが社会の主体として自立できるはずだ――多くの人がこんな夢を抱いた。レオポルトが書いたヴァイオリン教則本は、こんな教育ブーム時代の始まりを告げる、歴史上で最初期の楽器マニュアル本の一つだったのである。

二流音楽家の自分でも教育ビジネスで成功者になれるはずだ！　――ある種のルサンチマンも含んでいただろうこうした情熱が、子どもたちに向かったのは当然である。自分の教育メソードを世間にアピールするサンプルとして、自身の子どもを使うのである。そしてまた、自分が果たせなかった夢の実現を、子どもに託すのだ。

レオポルトの時代において、音楽家はまだ「芸術家」などではなく、「職人」と見なされていた。音楽家はいわば家業であって、レンガ職人の子はレンガ職人に、パン職人の子はパン職人になるのと同じく、音楽家の子は音楽家になることが多かった。親が子を仕込むとしても、それは徒弟教育のようなものであった。しかしモーツァルト家は職人につきものの大家族ではなく核家族であり、音楽は家業でも何でもなかった。レオポルトの子どもたちに対する教育スタンスは、伝統的な封建時代のそれとはまったく性格が異なっていた。

アウグスブルクの製本職人の家に生まれたレオポルトは、家業をつがず実家を飛び出し、ザルツブルクの大学で法学と哲学（当時でいえばエリート養成コースである）を学び始めるものの、学業がふるわずに退学。音楽が好きだったので、同地のさる貴族のお屋敷に召使兼ヴァイオリン弾きとして雇われた。つまりレオポルトは中途半端なアマチュアだった。それはまた、彼が音楽を「好き」だったということも意味しただろう（「アマチュア」の語源は「愛する」である）。

職人音楽家の家に生まれた者ならこうはならない。音楽は家業だ。好き嫌いは関係ない。家業は継ぐものである。見果てぬ自分の夢などではなく、おのれの確かな腕前を子どもに伝えるのが、親の使命である。対するにレオポルトは音楽に対して夢を抱いていたのであろう。それを子どもに託そうとした。ここにもレオポルトの生き様の近代性がある。というのも、「あの職業につきたかった……」という夢の挫折は、職業選択の自由が広まって初めて生まれる悩みなのだから。

核家族の温かさと息苦しさ

レオポルトの人生についてあれこれ読むたび、私はそれを現代風にアレンジしたくなる。今風にいえば、地方の実家を出て東京の大学の法学部に入ったものの、軽音でギターに熱中しすぎて単位がとれず退学、結局小さな会社に入って、ときどきギターも余興で弾いて金を稼いで、といった人生に似ていると思うのだ。見栄を張って故郷を飛び出し挫折した、うだつのあがらぬ音楽家兼召使のレオポルト——当然ながら彼の築いた家庭は、故郷から切り離された核家族だった。そこにいるのはパパとママとお姉ちゃんと僕だけ……。

大家族が一般的だった時代にあって、この家族構成もまたモーツァルトが育った環境の近代性だったといえる。それ自体が一つの社会ともいえる大家族と違って、核家族は厳しい外界から護（まも）られたプライベート空間だ。後のヴォルフガングの音楽にはしばしば、いかにも人懐こく気の置けない表情があらわれる。こうした「親密さ」の表現は、彼以前の作曲家には決して見られないものだ。バッハやヘンデルはいうまでもなく、モーツァルトの年上の同時代人だったハイドンの音楽にも、「人懐こさ」はあまりない。このことは、モーツァルトが親密な核家族のなかで育ったことと、決して無縁ではなかっただろう。

モーツァルト一家を描いた有名な肖像画を見てみる。パパはとても怖そうだ。横柄そうにしゃくった顎、への字に結んだ口。眼(め)は無慈悲で計算高げな光を放っている。ママはここにはいない（絵が描かれた時にはもう死んでいた）。あるのはピアノの後ろに飾ってある肖像画だけ。怖そうでこそないが、「優しいお母さん」というかんじでもない。とても気位が高そうだ。お姉ちゃんはいかにも優等生然としていていてそつがない。そして「僕」は……なんとなくおどおどした気弱そうな眼をしている。怖いパパの顔色をいつもうかがっているとこんな目つきになるのだろうか。

いまではとくに珍しくもない四人核家族ではある。しかし人間関係が密であるがゆえに生じる家族問題が、モーツァルト家にもなかったはずがないと思う。それは以前の子

モーツァルト一家

だくさんの大家族では想像もできないものだったろう。核家族の子どもはまともに親の風圧を受ける。とりわけ親の過剰期待は、核家族に生まれた子どもにとって半端ではない迷惑の一つである。大半の凡庸な子どもならば、ほどなく親の期待に添えるようなタマではないことが明らかになり、親から解放してもらえる。反抗的な子どもであれば、力づくでも親からドロップアウトするだろう。

だが幸か不幸か子どもがとても従順で親を大切に思っており、いつも親を失望させまいと気遣う優しさを持ち、おまけに親の期待に完璧にこたえる才能を持っていたとしたら？　こんな人もうらやむ親子関係は、ほとんどの場合が悲劇で終わる。人気子役の悲劇にもたとえるべきこの歪みこそ、モーツァルトの人生の出発点である。

モーツァルト・ブラザーズ結成！

レオポルトは姉のナンネルには七歳から、そして弟のヴォルフガングには四歳（三歳という説もある）から、熱心に音楽教育を施した。「早期教育」のはしりだ。ピアノもヴァイオリンも作曲もすらすらマスターしてしまうヴォルフガングを見て、父親はこれをビジネスにすることを思い立つ。幼い娘と息子を見世物よろしくヨーロッパ中の宮廷を毎年のように連れまわすのだ。「モーツァルト・ブラザーズ（シスターズ）」結成！　子どもビジネスの始まりだ。

「ビジネス」とは誇張ではない。一体どんなペースでレオポルトが子どもたちを旅から旅へ連れまわしたか。まず息子が六歳になるやいなや三週間のミュンヘン旅行。同じ年にさらにウィーンへ旅行。七歳の六月からは、パリとロンドンでの長期滞在を含む大旅行が、なんと十歳の十一月まで続く。この間一度も故郷には戻っていない。そして十一歳の九月から十三歳の一月までふたたびウィーンへの長期旅行。まるで現代の売れっ子スター並みのスケジュールだ。心身両面で子どもの健全な成長にいいはずがない。

もちろんレオポルトは、すべて子どもたちのため、家族のためと考えていただろう。だがいずれにせよ、「子どもスタービジネス」がいかに儲(もう)かるか、レオポルトが後世に教えたことは間違いない。ベートーヴェンの酒浸りの父親もまた、レオポルトの真似をして子どもでひとやま当てようと、鉄拳早期教育を息子に施した。十九世紀に入るとこんな例はさらに増えるが、たとえばヨゼフ・ホフマンという大ピアニストは幼少期にモーツァルト並みの「天才君ビジネス」で親に引き回され、児童虐待だと問題になった。二十世紀以後の例については、マイケル・ジャクソン、美空ひばり、スポーツではタイガー・ウッズ等々、枚挙の暇もない。モーツァルトが生まれた十八世紀後から胎動を始めた民主主義社会とは、天才キッズによる人生一発逆転の夢――封建社会ではこうはいかない――を見せてくれる社会システムでもあった。

天才子役の宿命

もちろんヴォルフガングが幼いころより示した才能が尋常でなかったことは間違いない。幼少期の彼を目撃した人びとは、異口同音にそれを超常現象にたとえた。宮廷の高貴な人びとはこの少年の才能に驚愕し、いつもたっぷり高価なごほうびをくれた。こうやってレオポルトは巨万の富を蓄えた。ただし息子にはそれを内緒にし、決して自分が息子のおかげで稼いだ富を息子に与えようとはしなかったともいわれる。親子の後の決裂の種はもうまかれていた。

とはいえ、モーツァルトが示した天才ぶりが、常に父親の振り付け込みであったことも、ほぼ疑いない（かなり成長してからも、父親は絶えず息子の作品に口出しをした）。親の演出なくして「天才少年モーツァルト」はありえなかっただろうし、その意味でレオポルトの功績は大であり、ヴォルフガングはまだ本物の天才になりきってはいなかったともいえる。

まだ本物ではないのに思いきりチヤホヤされる――これは悲劇だ。しかも鉄道も飛行機もなかった時代に、旅から旅へ年端も行かぬ子どもが馬車で移動させられる。一箇所にとどまることはほとんどない。故郷と呼べる場所がない。それだけではない。幼いころのヴォルフガングには同世代の遊び友達もなく、いつも大人ばかりに囲まれていた。おまけにチヤホヤしてくれるのは宮廷の貴族女官侍従の類だ。子どもの人格形成にとっては最悪の環境だ。しかしルサンチマンと上昇志向で凝り固まった教育パパはそれに気づかない。間違いなく「自分は子どもたちのためにいいことをしている」と信じて疑わなかったはずだ。

もうすこし成長してからの親子の書簡のやりとりを見るにレオポルトは、ことあるごとに「ああしろこうしろ」とうるさく指図し、「オマエには私がいないとダメなんだ！」と頭を押さえつけ、すこしでも子どもが自分から離れる気配を見せると「一体誰のおかげでここまでこられたと思っているんだ！」と恩を売り、またあるときは自分の一家が他ならぬヴォルフガングのおかげで生計が立てられていることを示唆して泣き落としにかかるという類の父親だったようである。しかしこの父親なくして「天才モーツァルト」は生まれなかった。ヴォルフガングはレオポルトの最高の「作品」だったのである。

庇護（ひご）があった天才となかった天才

これまでのスケッチからもわかるよう、モーツァルトは幼いころからこれ以上ないくらい手厚く才能を育ててもらった人である。そんな彼の人生を、もう一人の天才的作曲家の生き様と対比させてみる。二十世紀前衛音楽の父ともいうべき、アルノルト・シェーンベルクである。

モーツァルトのおよそ百年後、シェーンベルクはウィーンの貧しいユダヤ移民の家庭に生まれた。一家に音楽好きなどおらず、もちろん早期教育を受けさせてもらえるような家庭環境ではなく、父が早く亡くなったため、おそらく十六歳くらいのときから小さな銀行につとめはじめた。しかし二十歳をこえた頃、この銀行が破産した。シェーンベルクはその日、家に帰ってくるなり「万歳！　もう二度と勤め人なんかになるものか！」と叫んだといわれる。

この当時の彼は、独学で学んだチェロをアマチュア・オーケストラでギコギコと不器用に弾いていただけ。作曲を本格的に先生について学んだのは銀行員をやめてから、つまり二十歳をこえてからだった。そして作曲レッスンを開始して数年後、おそらく二十三歳くらいのときに、最初の作品を発表した……。

こんな風に比べてみると、幼少期のモーツァルトがいかに過保護に育ったか、生々しくわかるだろう。同じように才能に恵まれていても、シェーンベルクは劣悪そのものの環境を甘受せざるをえなかった。それでも世に出てきた。ためしにシェーンベルクの作品一である『二つの歌曲』、とりわけ最初の曲「感謝」を聴いてほしい。二十歳をこえるまで音楽教育をまともに受けたことがなかった男が、わずか数年のレッスンの後に書いた曲とは信じられまい。これこそ究極の逆境のなかで開花した本物の才能である。ここには、誰にも頼ることなく自分の手だけで自分の人生を切り開きつつある男の、ふてぶてしい自信がみなぎっている。

人の人生を植物の種子にたとえてみる。風に漂う種子がどこに落ちるか——それは運命であり、まったくの偶然まかせである。モーツァルトの場合、これ以上考えられないくらい豊かな土壌に、それは落ちた。「温室」といってもいいだろう。シェーンベルクという種子は、ふつうなら草木一本生えないような荒れ地の、よりによってもっとも硬い岩の上に落ちた。しかし信じられないことにその根は石を砕いてしっかり根を張り、巨大な木へと成長していくことになる。二十歳をこえてから小説家や画家を目指すことは可能だ。しかし音楽家になるのは難しい。それができるのは本物の天才以外にありえない。

アルノルト・シェーンベルク（1922年）

小さいころから天分を思う存分に開花させてもらった人と天分を逆境のなかで自分だけの力によって開花させた人。はてさてどちらが本物の天才なのだろう？　シェーンベルクの顔を思い出してみる。口元はすさまじい胆力といっさいの妥協を許さない意志を示し、眼には別世界を幻視する異様な光が宿る。そして表情にはどんな逆境であれ、克服どころかそれを粉砕してしまうような、暴力的な何かが感じられる。二十歳をこえて音楽の勉強を始めて、わずか数年であの曲が書ける男というのは、こういう顔をしているのだ。

天才は末世に生まれる?

シェーンベルクはモーツァルトにおける天才のありようを逆照射する、非常にいい比較対象だと思う。人生には自分では選びようのないことがらがいろいろとある。どんな家庭に生まれるか、どんな人と出会うか、そしてどんな時代に生まれるか。ある時代が日の出の勢いで始まるときに生まれるのか。それとも一つの時代の黄金期に生涯を送るか。あるいは時代が傾き衰えて、まさに崩れ落ちようとする瞬間に生まれるのか。私が問題にしたいのはとりわけ、この「一つの時代が終わらんとするタイミングで生まれる」ということである。

モーツァルトもシェーンベルクも、いうなれば「末世」に生まれた。すでに書いたよう、モーツァルトは十七世紀あたりから始まる絶対王政の時代の末、一般にアンシャンレジームと呼ばれる、王侯貴族の支配が爛熟(らんじゅく)の果てに崩れ落ちようとしている時代の子だった。ほどなくフランス革命が起き、そしてイギリスでは産業革命が起きて、新しい「市民の時代」が幕を開けるだろう。政治的には民主主義に支えられ、経済的には資本主義が大々的に展開し、誰にも一旗あげるチャンスが与えられる時代が始まる。産業技術／科学技術の飛躍的な発展により、ヨーロッパは世界帝国となる。そしてこんな時代の只中(ただなか)、ただし真ん中よりすこし後ろ寄り――時代の勃興期と安定期をややすぎて、文化の爛熟期に入るあたりか――に生まれたのが、シェーンベルクである。

天才の宿命を考える上でのポイントは、この「文化の爛熟」である。「天才少年」とは時代の末期、つまり文化が爛熟し始める時代に生まれやすいのだ。なぜか？　理由は簡単である。末世には一つの時代が生み出したありとあらゆるものが出そろう。最初は試行錯誤の連続だったものが、徐々にパターンになっていく。ゼロから何かを生み出すことは難しく、凡人にはほぼ不可能だが、パターン化されると誰でもそれをマスターできるようになる。子どもにでも、だ。いや、子どもこそパターン暗記の名手かもしれない。子どもは自分が好きなものを、大人には到底真似のできないスピードでもって、あっという間にものにしてしまうのである。「異様に早熟な子ども」は末世にしか生まれない。

モーツァルトがそんな時代の子どもだったことは明らかだ。ありとあらゆる表現がパターン化されていたからこそ、レオポルトはそれを子どもに「教育」することが出来た。宮廷の舞踏会のためのさまざまな舞曲、祝典用の音楽、晩餐会のための音楽、高貴な音楽、ユーモラスな音楽、悲しげな音楽、陽気な音楽等々、すべてパターン化されていた。レオポルトが幼きモーツァルトに教え込んだのは、まさにこれである。

シェーンベルクが生まれた時代については、彼と同世代の詩人を引き合いに出そう。シェーンベルクと同じくウィーンで、同じ一八七四年に、同じユダヤ系家庭に生まれたフーゴー・フォン・ホーフマンスタールである。裕福な銀行頭取の息子だった彼は、幼いころから詩作に異様な才能を示し、十六歳くらいからウィーンの雑誌に投稿をするようになった。突如あらわれた才能に感嘆したある文芸批評家は、投稿者をてっきりこれまで謎めいた隠遁生活を送ってきた、成熟した年配の詩人だと思い込み、さるカフェで

フーゴー・フォン・ホーフマンスタール（1893年）

面会を申し込んだ。ところが目の前に現れたのは半ズボンをはいた少年だったので、彼は驚愕(きょうがく)した――よく知られたエピソードである。ホーフマンスタールはいわば「詩におけるモーツァルト」だったわけである。

実家が金持ちだったホーフマンスタールの場合、小さい頃から周囲には山のように書籍があったはずだし、いい家庭教師に英語やフランス語やラテン語を教えてもらうこともできただろう。それに対して、父親が貧しいユダヤ移民の靴屋だったシェーンベルクの場合、幼いころからふんだんに音楽に接し、いい教育を受けたりすることなど、夢のまた夢だったはずだ。しかしながら、シェーンベルクが育ったのが文化の爛熟期だったことと、彼が作曲レッスンを開始してまたたく間にプロの腕前に達したこととは、決して無関係ではなかったと思う。やはりシェーンベルクの場合も、ふんだんにもうパターン見本があったからこそ、それらを短期で習得することができたのである。

時代に殉じるvs.時代を開く

ただしモーツァルトとシェーンベルクの人生には、時代との関係において、一つの決定的な違いがあった。それは死んだ時期である。人が自分で選ぶことの出来ぬ最たるもの、それが死のタイミングであることはいうまでもない。「末世」に生まれ、沈みゆく時代に殉ずるよう、時代とともに死ぬか。それとも一つの時代をこえて、次の時代まで生き抜くか。さらには終わりつつある時代に向かって死を宣告し、自ら新しい時代を作り出せるか。すさまじい天賦の才に恵まれていたとしても、時代に対してどのような関係を結ぶことになるかによって、才能は花開いたり、あるいは陽の目を見ぬままどこかに消えたりするだろう。「天才」とは、それがモーツァルト型であるにせよシェーンベルク型であるにせよ、時代の風との相関関係のなかで生まれてくるものなのだ。

シェーンベルクは末世に育ち、沈みゆく時代に死を宣告し、そしてまったく新しい二十世紀の音楽言語を作り出した人であった。彼は一九〇八年ごろから、いわゆる無調で曲を書き始める。ドレミファの音階を使わず、ドミソやシレソの和音も用いない。中心の感覚を喪失して宇宙に放り出されたような無調音楽。彼の弦楽四重奏第二番のフィナーレは、ゲオルゲという前衛詩人の「私は違う惑星の空気を呼吸する」という歌詞で始まるが、無調がどういうものであったかをこのくだりは端的に教えてくれる。

無調によってシェーンベルクが行ったことを、ニュートン物理学に対するアインシュタインの相対性原理にたとえてもいいかもしれない。時間と空間が一体となって絶えず歪(ゆが)みを発生させるような世界。それをシェーンベルクは描く。実際、シェーンベルクの無調音楽とアインシュタインの特殊相対性理論は、ほぼ同時期であった。

時代の切断面を超えて生き抜いたシェーンベルクに対し、モーツァルトが三十五歳で亡くなったのは一七九一年、フランス革命勃発の二年後である。いうなれば彼は時代の殉死者であった。音楽言語——スタイルといってもいい——の点でモーツァルトに、革命的なところはほとんどなかった。彼は終生自分が幼いころ父親から教えてもらったスタイルに忠実に、それを発展・洗練させていきながら曲を書いた。もちろん表現の点では来るべき時代の予感が随所ではっきり感じられる。しかしそれはあくまで予感であって、決して彼が新しい時代を打ち立てることはなかった。もちろん批判ではない。未来は予感であるときが一番美しいかもしれないのだから。

天才は「がんばること」を拒否する？

モーツァルトは新時代の「開祖」にはならなかった人であるといってもいいだろう。なれなかったのか、なる意思がなかったのか、なることを拒否したのか、それとも死によってなることがかなわなかったのか。もちろん答えなどない。いずれにしても、モーツァルトにいかめしい権威は似合わない。彼は新時代の父権となることはなく、いつまでも少年の面影を残しながら、すぎゆく時代の輝きと来る時代の美しい予感を描いて、若くして逝った。

思わず「ある」と「なる」という二項対立を考えてみたくなる。いつまでもその人のままで「あり続ける」人がいる。それに対して、がんばって「何者かになろう」とする人もいる。いまの世の中では「なろう」とする人は敬遠されがちだ。がんばるなんてダサい、いまのままでいいじゃないか、というわけだ。しかし何ごとかを成すためには、人は何者かに「なる」必要がある。いまのままではいけない……。

シェーンベルクとの対比でも明らかなように、モーツァルトは典型的な「ある」型の天才であった。そもそも天才に「がんばる」は似合わない。ガツガツと成り上がろうとする野暮な努力家は、偉人として尊敬されることはあっても、天才として賛嘆されることはない。汗一つかかず何ごともさらっと軽く――しかし天才のこの優美さは、ある意味では天才タイプの限界でもある。汗をかいて死に物狂いにならずして何者かになれるほど、世の中は甘くない。

とはいえモーツァルトは、決して「なる」ことを全面放棄したわけではない。たしかに彼は――後輩格のベートーヴェン、あるいはシェーンベルクのように――自分の手で強引に新時代を拓いて、新しい音楽の創始者に「なる」ことはなかった。しかし彼は何とか親の操り人形を脱皮し、「天才君」から「この世でただ一人」のモーツァルトに「なった」。親離れして何とか大人になった。幼少の頃に天才少年として思いきりチヤホヤされた人間には、これは至難の業だったであろう。これを何とかやり遂げたことにこそ、モーツァルトの人間的な偉大さはあると思う。

天才、二十すぎれば……

天才子役には必ず世間から相手にされなくなる日が来る。みんながチヤホヤするのは、それが年端もいかぬ少年少女だから。とうが立ったかつてのアイドルに、誰も見向きもしない。「成熟した大人」としての人生競争は、いつもゼロベースから始まる。少年少女時代の栄光は何のアドバンテッジにもならない。天才君だろうが鈍才だろうがスタート地点は一緒。こんなとき天才子役は弱い。昔が忘れられない。そして自分程度の役者はごまんといることを思い知らされる。ここから「あの人はいま」の悲劇が始まる。

天才子役ならぬ天才モーツァルト一家の人もうらやむ幸福に影がさしはじめるのは、モーツァルトがおよそ十四歳になったころからのように見える。まさに思春期の始まり、ひげも生え始め、親のいい子ちゃんではなくなり始める時期だ。このころモーツァルトは、二度にわたって、父親と二人でイタリアへ長期旅行に出かけた。かつてのようなママもお姉ちゃんもそろっての一家の旅ではない。そして昔のように宮殿でほめそやされるといった、夢の好待遇も期待できない。これは生々しく現実的な「就活」の旅だった。当時の「音楽の国」イタリアでオペラの契約をとり、あわよくば有力な貴族やら教会の楽長のポジション、つまり給料のいい定職を狙う旅だったのである。

モーツァルト親子はイタリア以外にもウィーンやミュンヘンに就活旅行に出かけたが、どれもあまりうまくいかなかった。オペラの契約はいくつかとれたが、どこでも楽長などのポジションは得られなかった（後で説明するが、当時の作曲家にとってオペラ作曲は、他ジャンルと比べて桁違いに「おいしい仕事」だった）。一言でいえばモーツァルトは中途半端な年齢だった。かわいらしい天才少年ではもはやなく、しかし責任あるポジションをまかすには若すぎる。

かくしてモーツァルト親子は、大嫌いだった故郷ザルツブルクに戻ってきて、そこの大司教のお雇いとなる。屈辱だったろう。小さいころからウィーンやミュンヘンやパリやロンドンといった大都会を見知ったモーツァルトである。その自分がこんな田舎町の司教のお雇い？　しかし定職はそこにしかないのだから仕方がない。かくして、生まれてこの方ほとんど腰を落ち着けたことのなかったこのさえない故郷に、なんと十九歳から二年以上もとどまることになる。

幼いころからろくに腰を落ち着けたことがなく、やれパリだウィーンだと蝶よ花よの大旅行を繰り返していた親子を、故郷ザルツブルクの人びとは「いい気味だ」といわんばかり距離を置いて見ていたことだろう。狭い町のことだから人間関係も息苦しかったはずだ。パリやウィーンと違ってオペラ劇場などもなく、仕事の数も限られている。おまけに――モーツァルトが繰り返し愚痴ったように――同僚の田舎楽師たちはみな下手くそで人間的にも粗雑。「この僕がなんでこんなやつと一緒に仕事しなければいけないんだ⁉」と思わなかったはずがない。「昔天才、二十すぎればただの人」という言葉がよぎる。このままで終わってたまるか！　とりわけ父親にはその思いが強かったはずだ。

モーツァルト、大いに羽をのばす

かくしてモーツァルトが二十一歳のとき、ミュンヘンからマンハイムを通ってパリへの長期就活旅行へと、レオポルトはふたたび息子を送り出す。「送り出す」？　そう、父親はついて来られなかったのだ。息子につきそって旅をするために、しょっちゅう長期休暇をとるせいで、雇用者側の心証は非常に悪かった。さしずめ天才少年の息子のつきそいで、何かというと有給休暇ばかりとっている勤め人の父といったところか。親子の雇い主であるザルツブルクの大司教が、父親の休暇を認めなかったのである。

仕方なくレオポルトは、今度は自分の妻を付き添わせた。いい年をした若者が十五歳のときはパパの、そして二十一歳になってもまだママの付き添いで旅をするのである。しかもやり手マネージャーを絵に描いたようなレオポルトと違って、モーツァルトの母親は――せっせと身の回りの世話を焼いてくれはしただろうが――音楽業界のことはまったくわかっておらず、ぼちぼち「親のいうことをよく聞くいい子ちゃん」ではなくなり始めた息子をコントロールできるタイプでもなかった。

父親ははらはらし通しだった。就活のこと、作曲のこと、名士とのコネづくり。次々に手紙で指令を飛ばした。だがレオポルトがとりわけ死ぬほど気をもんだのは、息子の女関係である。もう二十も超え、仕事や勉強などそっちのけで女の子を追いかけるようになっていて不思議ではない年齢である。このことが何よりレオポルトを不安にさせた。

従妹のベーズレ

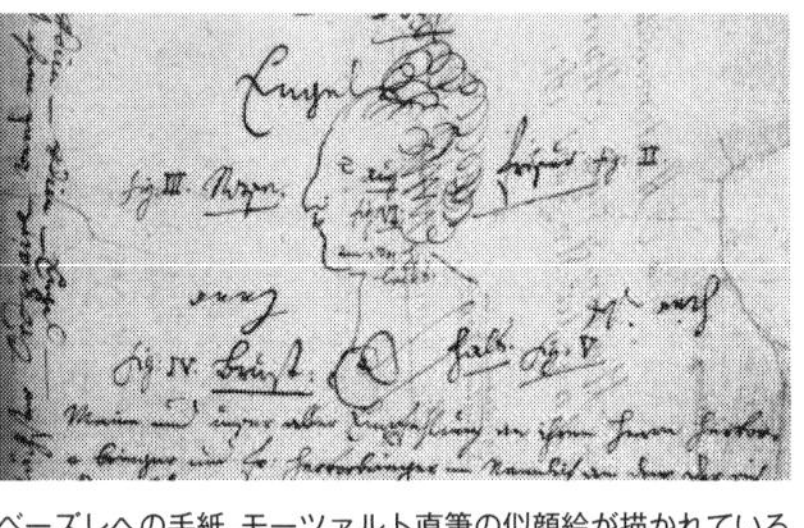
ベーズレへの手紙。モーツァルト直筆の似顔絵が描かれている

早期教育が成功したパパないしママはえてして、いつまでも子どもを自分の支配下に置こうとする。ペットじゃあるまいに、いつまでも子どものままでいさせようとする。そして何より子どもの異性関係を警戒する。成熟した大人になってもらっては困るのだ。子どものガールフレンドないしボーイフレンドこそパパないしママの最大の敵。親にと

って子どもの「彼」や「彼女」は、自分が育てた子どもを奪っていくかもしれないライバルだ。芸能界やスポーツ界でも、若きアイドルや若き天才の密着親子関係が、「彼」ないし「彼女」の出現とともに瓦解したケースをいくらでも思い出せる。モーツァルト親子の危機もあれと同じだったと思っていいのではないだろうか。

うるさい父親がいないこの長期旅行の間、モーツァルトは大いに羽をのばした。ほとんど「さかりがつく」といった表現をしたくなるほどであった。とくに有名なのは、旅の途中で立ち寄った父の故郷アウグスブルクでの、従妹の通称「ベーズレちゃん」との出会いである。彼がベーズレに宛てた猥雑（わいざつ）な楽しい手紙――「うんち」とか「なめろ」とか「一発やる」といった単語を連発する――はあまりにも有名である。

モーツァルト初恋の歌姫、アロイージア

ただしベーズレちゃんの場合、おそらく「遊び」だったことが明らかだったからだろう、父親はそんなにうるさいことをいわなかった（これまたリアルに想像がつく）。しかし同じく旅の途中のマンハイムで出会ったアロイージア・ウェーバーに、息子が「本気で」恋をしたとき、レオポルトは死ぬほど心配をした。彼女は美貌の歌姫の卵で、モーツァルトは芸術的にも彼女にぞっこんだった。

父親に異性の話をするのはタブーだということに、まだ気づいていなかったのだろう。モーツァルトは無邪気に彼女の才能がどれだけ素晴らしいかを語り、あろうことか「イタリアに二人で行って、そこで自分が作曲家として成功し、それによって彼女の一家を助けてあげたい」などと夢のようなことを父親に書いた。「相手の一家を助けてあげたい」などと父親にいえば、「タチの悪い女にひっかかった自分の息子が、金目当ての向こうの一族に奪われそうになっている」ととられるだろうことに、彼はまだ気づいていなかった。

性欲は男の最大の敵だ、早く大都会へ行って仕事を見つけろ、一家の未来はおまえの双肩にかかっている――レオポルトが息子に書いたことをまとめるとこうなる。そして最後は泣き落とし。「おまえが発つとき、やつれ切って馬車の傍にいるのを見たこの私の姿を思い出しておくれ。私は病気だったが、夜中の二時まで荷造りをし、しかももう六時にはまた馬車のところにいて、おまえのために万事世話をしたあとだったのだ。おまえがそれほどまで人の心がわからないのなら、私を悲しませてくれるがいい」（一七七八年二月二十二日。手紙の引用は原則として白水社『モーツァルト書簡全集』に依ったが、語調等に一部変更を加えた）。結局モーツァルトは父親にせかされるようにしてパリへ向かった。彼はまだ父親に最終的には逆らえない「いい息子」だったのだ。だがこの一件を通してモーツァルトは、自分の異性関係こそ父の逆鱗(げきりん)に触れる最大のタブーだということを学習したに違いない。

就活の挫折と母の死

パリでの「就活」はあまりうまくいかなかった。そして悪いことには悪いことが重なるもので、おそらくは旅のストレスのせいだろう、ママがパリで亡くなった。母親の死をめぐる父親と息子の手紙による対話は、直視できないくらい痛々しい。かいつまんでいえば、息子は母親の死を当初父親に隠そうとした。本当はもう母は亡くなったのに、父親には「お母さんの具合はあまりよくありません、でもいいこともありました、僕の交響曲が当地でとても受けたのです」とごまかそうとしたのである。

モーツァルトの心理は手に取るようにわかる。「おまえのせいだ！」といわれるのがわかっていたのだ。だから「いいこともありました、僕の交響曲が当地で受けました」と、父の機嫌をあらかじめすこしでもよくしておこうと思ったのだ。もちろん父親を悲しませまいとする、いかにもモーツァルトらしい気遣いもあったろう。しかし同時に、怖いパパのご機嫌とりをしながら、見え見えの嘘をつくあたりに、モーツァルトの子どもっぽさもあらわれている。ちなみにモーツァルトが人の死に立ち会ったのは、このときが初めてだった。

この嘘の手紙からほどなく、息子は本当のことを父親に書いた。母親が死んだ、先の手紙を書いたときに、じつはもう亡くなっていたと白状したのだ。予想通りレオポルトの悲嘆と癇癪はすさまじかった。おまえがちゃんと就活もせずぶらぶらして頼りないからこんなことになるんだ！　とばかり、そしてあれだけパリで一旗揚げろといっていたのに、手のひらを返したように、「もういい、すぐ故郷に戻ってこい」といい始める。まとめるならば、おまえがこの程度の才能しかないことはよくわかった、父さんの苦労も知らずになんて勝手な奴だ、この親不孝者が！　私がバカだった、もうおまえには期待しないから、故郷で職探しでもして手堅い勤め人になれ、ということである。

モーツァルトはパリに来た時と同じルートを通って故郷ザルツブルクへ帰る。そして帰路にミュンヘンに立ち寄ったさい、アロイージア・ウェーバーに手酷くふられた（彼女の一家はマンハイムからここに引っ越していた）。定職もない父親コンプレックスの元天才に、気位が高そうなこの歌姫は興味はなかったのだろう。泣き面に蜂。父親がザルツブルクで息子のために定職として用意したのは、しがないオルガン弾きのポジションだった。

父親との再会はとても苦いものだったはずだ。旅に出るときには一緒だったママはもういない。父親の突き放したような冷めた目。きっと「パパのいい子」だったお姉ちゃんナンネルも、どことなくよそよそしかったのではあるまいか（レオポルトが亡くなるまで姉は、なにくれとなく父の世話を焼いていた）。きっとモーツァルトは茫然自失だったに違いない。だが彼は密かに来るべきリベンジを期していたであろう。

成功するには度胸と計算が要る

人が大成するために必要な条件。それは何よりも、客観的な自己評価であり、慎重さと勤勉と度胸のバランスであり、行動力であろう。うぬぼれ屋は大成しないが、自己評価が低すぎる人間もだめだ。自分を正しく値踏みできなければ、何が課題で、何がアピールポイントであるかもわからない。自分の長所と克服すべき短所がわかれば、勤勉によって自分の牙を研ぐことが出来る。そして勝負に出るときは一気呵成に。この度胸が成功の秘訣だ。中途半端な「攻め」はよくない。

母親の死をめぐるエピソードからもわかるように、モーツァルトにかなり子どもっぽい部分があったのは確かだろう。しかし右に挙げたような「大成の条件」を、彼は早くから確実に持っていた。好例として私が思い出すのは、モーツァルトの最初のピアノ・ソナタとなった第一番から六番のセットである（KV. 279-284）。これは彼が十九歳ごろの作品群で、悪夢のパリ旅行より以前の作品だ。この六曲はどれも当時の基準からして非常にスケールが大きい。しかもそれぞれでまったくスタイルが違う。

第一番は六曲中でもっとも「おとなしく」、同時代の流儀に従っている。明らかにチェンバロを想定した、重たいカツラを連想させるような、じゃらじゃらした装飾音符がいっぱいついていて、ティーパーティーのBGMに最適だ。第二番や第三番はいってみれば、鍵盤でやってみせるダイジェスト版のオペラである。お客のなかの誰か有力者が、「この男にオペラを書かせてみたら面白いんじゃないか？」といってくれるかもしれないと計算して書いているかんじがする。またこのモーツァルト初のピアノ・ソナタ・セットの「フィナーレ」である第六番は、とても規模が大きい。そして鍵盤上の名人芸が次々に披露される。モーツァルトはここで、ピアニストとしての自分の腕を思いきりアピールしようとしている。

周知のようにモーツァルトは鍵盤楽器の天才でもあった。そんな名手が十九歳になってようやくピアノ・ソナタを書いたのである。これ自体がきわめて注目に値することではないだろうか。きっと彼は満を持していたのだ。鍵盤の名手としての自分の才覚を思う存分発揮できるチャンスを待っていた。そしていざチャンスがくると、一気に六曲まとめて書いた。もちろん例によって父親の指令だった可能性はある。しかしたとえそうであろうと、この六曲を聴くたびに、父親ゆずりの人生の勝負勘のようなものを、モーツァルトは早くからすでに自分のものとしていたと思えるのである。

たぎる野心と大人の顔

音楽の表現内容の点でモーツァルトには、パリから戻って以来の不遇の時期から急速に、それまでになかった「大人の男の顔」が現れてくる。たとえば『ポストホルン・セレナーデ』(KV. 320)。パリへの就活旅行がうまくいかずに、悄然とザルツブルクに戻ってきた(なぜかこのときは「セックスフレンド」のベーズレちゃんを伴って帰ってきたのだが)一七七九年の作品である。しかしこの素晴らしく壮大な一楽章の序奏は、そんな翳りをみじんも感じさせない。そしてテンポが速くなってからの力にみなぎった疾走。これまでモーツァルトはこれほどまでに骨太な音楽を書いたことはなかった。就活の失敗など何の痛痒も感じず、少年時代にはなかったギラギラした野心をたぎらせ、底抜けに明るく、人生の成功への圧倒的な自信をみなぎらせる青年が、ここにはいる。

ところが、である。『ポストホルン・セレナーデ』のこの翳り一つない青空は、五楽章で突如として死の闇に覆われる。ここで描かれるのは墓場の音楽だ。すえたようなカビの臭い、ツタで覆われ苔むした墓石、葬儀の参列者のすすり泣き、土気色の死者の顔、無気味なつむじ風――何もかもがあまりに生々しい。後の彼の大傑作オペラ『ドン・ジョヴァンニ』には、放蕩に放蕩を重ねる主人公を最後に地獄へ連れて行く石像が出てくる。『ポストホルン・セレナーデ』の五楽章では、この地獄落ちの場面に酷似した、渦を巻くようなヴァイオリンの不気味な音型が出てくる。パリでの母親の死のことが脳裏をよぎったか？　人が死ぬところをモーツァルトが見たのは、これが初めてだったのだ。それにしても天才とは、わずか二十三歳でこんなにも間近に死神を見るのか？　しかも恐ろしいことにモーツァルトの筆は、死を前にして何の動揺も見せない。彼は平然と死を見つめる。「人間ってこんな風にして死ぬんだ……」と目を見開いて直視する。少年のように無垢に、超人のように淡々と。

さらにもう一つ、『ポストホルン・セレナーデ』にはモーツァルト固有のきわめて特徴的な筆運びが見られる。それは生と死が交錯する様の、唐突といいたくなるような急旋回である。これについては後にふたたび触れることとするが、死臭のする五楽章の後、まるで何ごともなかったかのように、六楽章で音楽はふたたび壮大な生の歓びに立ち戻るのである。そしてフィナーレの七楽章では傲慢なまでに奔放な生の賛歌が歌いあげられる……。

考えてみれば人生とは究極のところ、墓場の上で踊られる束の間の宴だ。いつ死がやってくるか、誰にもわからない。そして人生の大半の時間、人は死のことを忘れ果てている。死はいつも突然姿を現す。そしてふたたび姿を消す。それが人生だ。わずか二十三歳でモーツァルトは、人が生きて死ぬということの本質を、眉一つ動かさずに直観していた。

第5章　教育パパの呪縛は結婚で断つ

モーツァルトと父親コンプレックス

教育パパ／ママは天才の桎梏だ。親の熱心なサポートなしに天才キッズは生まれない。どれほど才能に恵まれていても（たとえばシェーンベルクやマーラーやヴェルディやワーグナーなどはその例だが）、小さいころから親が理想的な教育環境を与えてくれなかった場合、才能の開花は遅れる。だが天才キッズはあくまで親の「作品」だ。そして子どももそれはわかっているから、世のキッズたちはなかなか親に逆らえない。

とはいえ、ある時から教育パパ／ママは、確実に彼らの重荷になり始める。うっとうしくて仕方がなくなる。かくして子どもがある年齢に達すると、しばしば修復不能の決裂が起きる。そして前章でも示唆したよう、ほぼすべての場合において、そのきっかけは異性である。子どもの側からいえば「親の呪縛は異性で断つ」のだ。モーツァルトもこのことがよくわかっていた。そして彼は父との縁を結婚で断った。

モーツァルトのオペラにはしばしば印象的な「父」が出てくる。真っ先に人が思い出すのは『ドン・ジョヴァンニ』の騎士長だろう。もちろん彼は主人公ドン・ジョヴァンニの父ではない。ドン・ジョヴァンニが犯そうとした美しい娘ドンナ・アンナの父だ。ドン・ジョヴァンニは騎士長を決闘の末に殺した。そしてドラマの結末において騎士長は石像となって、ドン・ジョヴァンニのところにやってくる。彼に生き方を悔い改めるよう迫る。だが奔放な生き方をやめる気のないドン・ジョヴァンニは、石像に手をつかまれて地獄にひきずられていく。「いやだ！　いやだ！」と叫びながら地獄へ連れていかれるドン・ジョヴァンニの様子は、厳父に腕をつかまれて実家に引き戻される放蕩息子そのものだ。

この場面を見るたびに私は、前章で触れたパリ旅行の途中でのモーツァルトの恋を思い出す。マンハイムでアロイージア・ウェーバーに恋をしたとき、親子関係がどうなったか。パリへ行こうともせず、「僕は彼女と結婚してイタリアに行く！　僕が彼女の一家を支える！」と夢のようなことをいっている息子を父は叱り飛ばした。息子は嫌々パリへ向かい、そしてふたたび父親に「もう戻ってこい！」と叱責されて故郷に帰った。

楽しい放蕩の只中に姿を現し、首根っこをつかんで自分を家に引きずり戻す父――このイメージがモーツァルトにとってはトラウマになっていて、『ドン・ジョヴァンニ』の作曲のときにフラッシュバックが生じたのではあるまいか。

こうした厳父像とは対照的に、「厳しくも優しく見守ってくれる父」も、モーツァルトのオペラでしばしば印象的な役割を演じる。典型がオペラ『魔笛』のザラストロだ。神官である彼は、宗教的指導者として王子タミーノに数々の試練を敢えて与えつつ、彼をよき道へと導いてくれる。ちなみに『魔笛』のザラストロの王国のモデルとなっているのは明らかにフリーメーソン――啓蒙主義を奉じる当時の秘密結社――であって、周知のようにモーツァルトもそのメンバーだったのだが、ザラストロにおける「理想化された父」にもモデルがいて、フリーメーソンの年長指導者などがそれであったのではないかと思う。たとえば商人ミハエル・プフベルクは、晩年のモーツァルトがたびたび借金をした人物であり、彼に宛てた無心の手紙を読むと、モーツァルトがプフベルクに擬似父性的なものを求めていた気がする。モーツァルトにはなかなか「オヤジ殺し」的な才覚があったものと見える。

お父さんは僕の価値がわかってない！

「父」はモーツァルトにとって生涯の重荷だった。物心ついたときからあれだけ管理されては、それがトラウマにならないはずがあるまい。おまけにモーツァルトには、傷心のパリ旅行から戻ってきて大嫌いな故郷ザルツブルクでくすぶっていた時代に、もう一人の「父」が現れた。彼の雇い主だったザルツブルク大司教ヒエロニムス・コロレドである。

モーツァルト親子の雇用者だったのだから、立場上当然といえば当然なのだが、この大司教も相当に高圧的な人物であった。しかも、これまた当時の社会においては当然のことだったわけだが、大司教はモーツァルトを使用人としてしか見ていなかった。自分を芸術家として見てくれない、音楽を愛していない、自分の価値がわかっていない——モーツァルトがうっぷんを貯めたのはまさにこのせいだったと思われる。

「自分を芸術家として見てくれない」という怒りは、当時としてはきわめて進歩的な考え方だったのだが、そのことについては後で述べよう。とにかくモーツァルトは「自分にしか出来ないことがある」と確信しており、雇い主がそれをわかっていないことにうっぷんを貯めていたということである。

しかしモーツァルトの「価値」がわかっていなかったのは、じつは父親も同じであった。ザルツブルク時代も息子の給料を自由にはさせず、自分で管理するような親だったレオポルト・モーツァルトは、ことあるごとに息子に「特別なことはするな」と口うるさくいった。つまり「自分の個性など発揮しようと思うな、そんなことをしてもわかってくれる人はすこししかいない。それよりも、みんなが期待している通りのことをやるだけでいい、フツーでいい」ということである。

自分が同行できなかったパリ旅行にさいし、レオポルトはこのことを何度も息子に命じている。いわく「誰にでもわかるポピュラーなスタイルで書け！」（息子がマンハイムに滞在中）とか、「当地で受けるスタイルで書け！　受ければそれでいい！」とか、「おまえの目的は有名になって金を稼ぐことだ」（息子がパリに滞在中）といった調子である。また息子にミュンヘンからオペラ『イドメネオ』の作曲依頼があったさいには、「音楽のことがわかっている聴衆ばかりだと思うな。十人の音楽通に対して、何もわかっていないやつは百人いる」と書いた。

身も蓋もないいい方ではある。しかしレオポルトの考え方が、音楽業界というものの古今を通して変わらぬ法則を言い当てていることも、また事実であろう。一握りの通――レオポルトの言葉を借りれば百人に対して十人しかいないような音楽エリート――にしかわからない芸術的技巧をこらしたところで、たいがいの聴衆にはわからないのだ。「フツーでいい」――これこそ成功の鉄則だ。そしてレオポルトにはこれがわかっていた。だが息子は間違いなく、この父親の俗物根性に我慢ならなかった。

昨日まで「おまえは特別だ、才能がある、勉強して一番になれ！」といっていたのに、大学に入った途端に手のひらを返したよう「もう勉強なんてしなくていい、大学院なんてとんでもない、早くいい会社に入れ」といい出す――レオポルトにはどこかこんな親を連想させるところがあった。しかしモーツァルトはとても親に気をつかう息子であったから、決して声を荒らげて反論するようなことはなかった。親に何をいわれても、とても丁寧な言葉遣いでもって、やんわりと自分の主張を通そうとするタイプだった。

だが決してモーツァルトはただのお人よしではなかったから、きっと「いい子」の顔をしながら、じっと親から離脱するタイミングをうかがっていたのだろう。そしてチャンスが来るやいなや、この脱走計画をためらわず実行に移した。事態が一気に動き始めるのはモーツァルトが二十五歳になった一七八一年から。大活劇を見るような急展開がここから始まる。

大脱走

この年の一月、モーツァルトはミュンヘンにいた。オペラ『イドメネオ』の委嘱があったからである。しかしながらモーツァルトは、『イドメネオ』の初演が終わってもどういうわけかザルツブルクには戻らず、そのままミュンヘンに残った。ザルツブルク大司教から許可をもらった休暇は六週間であったにもかかわらず、三カ月をそこで過ごした。今風にいえば「ブッチした」のである。この間に大司教は自分の父親を見舞うためウィーンに居を移していたのだが、三月になってモーツァルトもウィーンに来るよう命令が下る。ウィーンに到着したのは三月十六日。大嫌いな故郷ザルツブルクには立ち寄りもしなかった。

ウィーンについてからというもの、大司教との仲は険悪になる一方で、侍従アルコ伯爵のところではいつも召使と一緒に食事をしなくてはならないことについて、モーツァルトは父親に怒りをぶちまけたりしている。もちろん当時は「天才芸術家」などという概念はなく、宮廷に出入りする職人の一人として召使と同じテーブルで食事をするということは、たんなる時代の社会習慣にすぎなかった。別に彼が侮辱されていたわけでもなんでもなかった。しかし重要なことは、モーツァルトが自分自身のことを、「特別な人間」と思っていたということである。

当然のように父親は息子の性急な怒りを諭す。しかしそれに対するモーツァルトの反撃は、それまでの彼の「いい子ちゃん」ぶりを知っている者なら驚くような、激越な調子のものだった。五月十九日の手紙で彼は、「最愛のお父さん、あなたがそんな風にいうなら、もうあなたは僕のお父さんではありません」と言い放っているのである。これはほとんど息子から親への縁切り宣言ではあるまいか。そして返す刀でモーツァルトはもう一人の「父」ともいうべき大司教との縁も断ち切る。最終的な決裂は六月八日。この生意気で身のほど知らずの若者は、大司教の侍従のアルコ伯爵に尻を蹴り上げられて、大司教の館の裏口から放逐されたといわれる。

しかしモーツァルトは、ただの直情径行な純情青年などではなく、抜け目のない野心家でもあった。理由なしに雇い主と大立ち回りを演じたわけではなかった。すでに四月に彼は、ゴットリープ・シュテファニーという人物にオペラ台本を書いてくれるよう頼み、またウィーンの演劇長官だったローゼンベルク伯爵（ヨーゼフ二世の演劇長官）にご機嫌うかがいをしたりしていた。着々と出世の手がかり（とりわけ金になるオペラの契約）を狙っていたのである。おそらく音楽の仕事が山のようにあるウィーンなら、あのうっとうしい大司教のご機嫌うかがいなどせずとも、フリーで仕事をとれるという目処が立っていたのではあるまいか。

婚約

私生活でもウィーンに着くとほぼ同時に、予想もしなかったような変化が起きた。彼女が出来たのである。五月に彼は同地の大司教の館を去り、ウェーバー家に下宿を始める。マンハイムで知り合い、長女アロイージアにかつて恋をした、あのウェーバー家で

モーツァルトの妻、コンスタンツェ

ある。偶然のいたずらとはいえ、このときウェーバー家はウィーンへ引っ越していた。そして今度はモーツァルトは、姉ではなく妹のコンスタンツェと恋仲になる。やがて一年後に妻となる女性である。

面白いことにモーツァルトは、コンスタンツェのことを長い間父親に黙っていた。姉のアロイージアに恋したとき、うかつにも「結婚したい」「彼女の一家を僕が支える」「彼女は美人だ」などと書いて、父親の顰蹙(ひんしゅく)を買ったことに懲りたのであろう。父親に彼女の話をすれば絶対につぶされるとわかっていたのだ。実際レオポルトは家族の「外」の人間を信用しない人物だったと思われ、モーツァルトの姉ナンネルは何度も縁談を父親につぶされて、当時としては相当高齢になってから結婚できた。

モーツァルトがようやくコンスタンツェとの婚約を父に告げるのは、十二月になってからである。息子の手紙は言い訳のオンパレードだ。いわく「大司教と喧嘩別れしたころは、まだそういう仲にはなっていなかった（コンスタンツェにそそのかされて定職を捨てたわけではない、彼女はそんな性悪女じゃないということであろう）」、「彼女は不美人ではないが美人でもない、何より性格がいい（美人だというと父親が怒り狂うことがわかっていたのだろう）」、「本当はもっと早くに知らせたかったのだが、本当のことをいうと「早すぎる！」と怒られる気がした」等々。思わず笑いがこみ上げるほどリアルだ。父親の反応を熟知したうえで、先手を打って弁明しているのである。

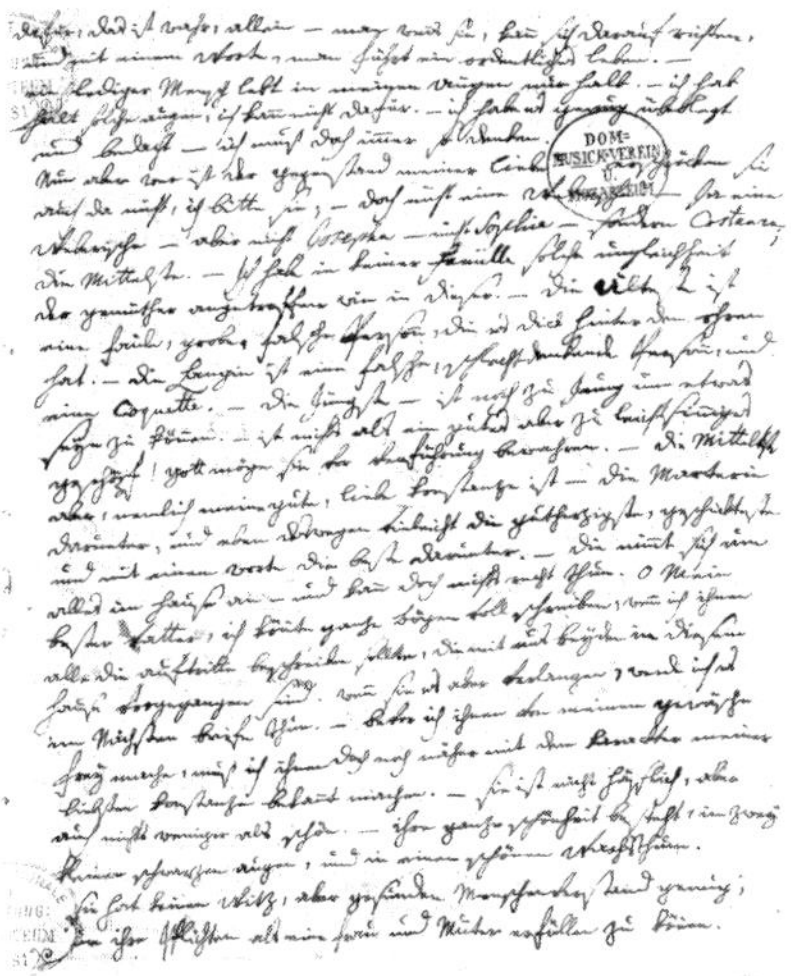

婚約を告げる父への手紙の一部、1781年12月15日

　モーツァルトの結婚手続きは難航した。彼がぐずぐずしてなかなか結婚しないので、コンスタンツェがし

ばしば拗ねて内輪もめになったのだが、ではなぜモーツァルトがぐずぐずするかといえば父が強硬に反対するからであり（やはり父親に決定的に逆らうことは出来ないのだ）、やむなく周囲に促されて「三年以内に籍を入れる」という結婚契約書を書かされ、しかしこの契約書が父レオポルトからすれば「息子は悪い女にだまされている！」という風に見え、ますます事態がこじれるという具合だったようである。

新婚オペラ

ウィーンでモーツァルトが結婚式を挙げるのはウィーンに出てきた翌年、一七八二年八月四日である。結婚式当日までに父からの結婚同意書が届くことはなかった。もちろん父も姉ナンネルも式には来なかった。父親は今後一切息子の経済援助をせず、遺産分割にも関わらせない通告をした節がある。事実上の家庭崩壊である。だがモーツァルトはそんなことを歯牙にもかけていなかっただろう。父親と大司教をまとめて縁切りし、晴れ晴れと大都会で新生活を送り始め、おまけに人生の伴侶をめとったのだから。しかもそれだけではなかった。せちがらいウィーンに出てくるや、早々と「大きな仕事」が舞い込んできた。オペラの契約である。

オペラ契約――それは当時の作曲家にとって別格の「デカイ仕事」であった。ピアノ曲だの協奏曲だの交響曲だのとは儲けが桁違いだった。しかもオペラ契約はたいていの場合、宮廷から来るのが常だった。そもそも音楽だけでなく、舞台と衣装と歌手が必要なこのジャンルの巨額の出費をまかなえるのは、宮廷だけだったと考えたほうがいいだろう。だからこそレオポルトもまた、息子が十代のころの付き添い旅行で、やっきになってオペラ契約をとってこようとした。

しかもオペラは動く金が桁外れなだけあって、ありとあらゆる陰謀の類が渦巻く伏魔殿でもあった（今日なおそうだ）。契約をとるには宮廷の有力者のおぼしめしがよくないといけない。常に誰かがどこかで足をひっぱる。途方もない労力を使って上演にこぎつけても、評判がかんばしくないとすぐに打ち切りになる。高いギャラを積んでいい歌手を呼んでくることも成功の絶対条件の一つだ。だから後の十九世紀に入ると、純粋に芸術的な事柄にだけ専心したいと思うような作曲家は、ほとんどオペラに手を出さなくなる。儲けが多くとも、あまりにも芸術以外の心労負担が大きいからだ。しかしモーツァルトの時代には、後述するように、まだ「芸術家」などという概念はなかった。職人として、とにかく音楽で食っていかなければならなかった。そして音楽家というものはオペラ契約が舞い込んで初めて一流と認められるのであった。

一七八一年七月三十日。大司教のもとを去り、晴れて自由の身になって一カ月。早くもモーツァルトのもとにオペラ台本が届く。なんとオーストリア皇帝ヨーゼフ二世からの委嘱だ。きっとモーツァルトは天にも昇るような気持ちであっただろう。「どうだ、やっぱり俺はただ者ではなかっただろう!」とばかりに、父親や大司教を見返す気持ちもあったはずだ。しかもこのオペラ台本は、まったくの偶然ながら、まさにこの時のモーツァルト自身のために書かれたような内容であった。

このオペラ『後宮からの逃走』のストーリーは、自分の恋人をトルコの王様のハーレムに誘拐された主人公が、変装して宮殿に乗り込み、策略の限りを尽くし、見事彼女を救出するというものである。いまでもすぐに映画としてリメイクできそうな脱走冒険活劇。しかもオペラの恋人役の劇中の名は、なんと「コンスタンツェ」であった! おまけに若い主人公がそのハーレムからコンスタンツェを奪還するところのトルコの王様は、ここで明らかに父親的な人物として描かれている。もちろん主人公の本当の父ではないし、『ドン・ジョヴァンニ』の騎士長のような厳父型ではない。慈愛に満ちた父の類型だ。しかしいずれにしても『後宮からの逃走』は、当時のモーツァルト自身と同じ若々しく情熱的な主人公が、父親的な人物のもとで捕らわれの身となっている恋人を取り返して脱走し、めでたく結ばれる話なのだ。

『後宮からの逃走』がウィーンで初演されたのは、一七八二年七月十六日。結婚式の二十日ばかり前のことである。作品は大成功した。まるでモーツァルトの新しい人生の門出を祝うように。かくしてモーツァルトは、『後宮からの逃走』の主人公と同じようにまんまと脱走劇に成功し、輝かしい未来という大海原へ乗り出すこととなる。

職人と芸術家の違い

大司教に対するモーツァルトの不遜とも思える態度を見ても、彼が「自分は特別」と思っていたことは明らかだろう。彼は使用人たちと一緒に食事をとらされることが我慢できなかった。音楽のことを何もわかっていないやつにとやかくいわれる覚えはないと思っていた。父親は息子のそんな態度に懸念を抱いていたが、モーツァルトは自分の才能を確信していて、ウィーンに行きさえすれば、勤め人にならずとも、多くの仕事を直接とれると考えていた。今風にいえば「フリーでやっていける」と思った。

ただし大司教との大喧嘩（おおげんか）や父親の無理解を、「世間の凡人に天才の価値はわからないものなのだ」というストーリーに押し込めてしまってはいけない。ある意味で大司教も父親も当時としては当然のことをし、当然のことをいっただけなのである。つまり十八世紀において音楽家はまだ仕立屋や料理人と同じ「職人」、つまり勤め人として頼まれ仕事をこなすものであった。勤め先はたいてい教会か宮廷と決まっていた。「自分を表現する」といった発想はほとんどなく、重要なのは何より、頼まれた仕事をきちんとすることだった。

「アート（Art）」という言葉には、二種類の意味がある。「技（技術）」と「芸術」である。このうちより古い意味は前者であり、これは職人の手わざのようなものを意味していた。「職人芸」が近代に入ってわれわれが考える「芸術」へと転義されたと考えていいだろう。では「職人」と「芸術家」の違いとは一体何なのだろうか？　簡単にいえばそれは「署名」の有無である。

料理人をたとえにするのがわかりやすかろう。町の定食屋の主人は毎日同じ定番メニューを出す。おいしいハンバーグやラーメンを丁寧に作る。しかし彼は出しゃばらない。自分の個性を意識的に出そうなどとはしないし、客に講釈をたれたり説教をしたりもしない。型通りのメニューを作り、客が喜んでくれれば、それで満足だ。「料理人、厨房を出ず」が彼らのモットーであり、自分が匿名であっても全然かまわないのである。

この対極にあるのがマスコミの寵児となるようなスター・シェフの類である。彼はオ

洋菓子
artisan
artist

ープンキッチンで客に顔を見せて料理するかもしれない。顔写真入りの雑誌インタビュー記事で滔々と自分の料理哲学を語ったり、食品会社とタイアップして「オレの○△○」を売り出すこともあろう。マナーの悪い客には説教するかもしれない。これらすべてが、俗に「芸術家気取り」と呼ばれるものにきわめて近い。「オレにしか出来ない」とか「オレは特別だ」というこの自我こそ、いわゆる芸術家意識にほかならない。

音楽家はいつから「芸術家」になったか？

中世のゴシック教会のステンドグラスに作者の署名はない。それを作ったのは無名の職人たちである。画家や音楽家が自ら名を名乗るようになるのは中世末期からである。とりわけルネサンス美術では、ダ・ヴィンチやミケランジェロなど、強烈な芸術家の自意識をもつ人たちが生まれ始めた。それに比べて音楽家の場合、「自立した芸術家」が生まれるのはかなり遅れた。十八世紀の前半に生きたバッハにも近代的な芸術家意識はほとんどなく、彼は自分のことを「教会に仕える神のしもべ」以上とも以下とも思っていなかったであろう（バッハはライプチッヒの教会に勤めていた）。モーツァルトの先輩ハ

イドンも、終生つつましい職人意識を持ち続けていた。

作曲家が決定的に「芸術家」となるのは十九世紀、ベートーヴェン以後のことである。ベートーヴェンについては、どれだけ貴族の婦人に懇願されても気が向かないといってピアノを弾かなかったとか、貴族とすれ違ってもお辞儀をしなかったといったエピソードが多く残されている。彼は特定の貴族や教会に一度も奉公しなかったし、もちろん何人もの有力貴族のパトロンはいたにせよ、そのありようは従来の正反対で、ベートーヴェンは貴族たちを自分のパトロンとして奉仕させたのだともいえる。「晩餐会のための音楽を書いてくれ」だとか「次は舞踏会のための曲がほしい」と

いった頼まれ仕事はあまりせず、勤め人にもならず、「オレの音楽」だけでフリーとして食っていけた最初の一人。それがベートーヴェンである。

モーツァルトは一七五六年、ベートーヴェンは一七七〇年の生まれだから、モーツァルトはベートーヴェンよりおよそ一回り人生の先輩だったということになる。この年の差は非常に重要で、モーツァルトはまさに音楽家が職人から芸術家になる、ちょうどその過渡期の人だった。「フリーの芸術家」という可能性にいち早く気づき、しかしすこし世に生まれるのが早すぎた人、それがモーツァルトだ。彼が夢見たこと、つまり「オレの音楽」だけで食っていくという理想は、その後継者世代のベートーヴェンにおいてようやく実現可能なものとなった。モーツァルトは近代世界がまさに誕生しようとする、その瞬間を生きた人であった。

カントの天才観

「芸術家」などという概念がまだ確立されておらず、世の多くの人が画家や音楽家など職人以上のものではないと思っていた時代にあって、いちはやく近代的な「天才芸術家」の概念を予告した著作に、哲学者カントの『判断力批判』がある。これは一七九〇年、つまりモーツァルトが亡くなる前年の出版である。

カントの思想において「芸術」と「天才」はきわめて密接に結びついているのだが、そして彼によれば天才と芸術家とはほとんど同義なのだが、カントが考える「天才」概念のなかには、私たちが抱く天才イメージのほぼすべてが出そろっている。つまりカント的天才とは「無から規則を作る」人、すなわち既成のルールにとらわれない「自由」で「独創的」な人のことなのだ。しかも天才はこれを無意識にやってのける。誰かに教わったりしない。天才とは凡人が思いもよらないものを本能だけで発見してしまう天衣無縫の人であって、ここにはやがて来ることになる民主主義の世界、つまり個人の無限の可能性というものに何より信頼を置く時代のシンボルとしての天才芸術家像が予告されている。「あなたの可能性は無限だ」とか「人間って素晴らしい」とか「人間は自由だ」とか「あなたらしくあれ」というとき、人はカント的天才概念の遺産を食んでいるのかもしれないのである。

モーツァルトがカント的な意味で天才であったかは議論の余地があり、まさにそこが面白いところなのだが――そしてそこにはモーツァルトがちょうど職人から芸術家への途上に生まれた人だったということが深く関係しているのだが――、それについては追って触れよう。ここではまずカントの天才概念について、もうすこしだけ説明をしておきたい。というのもカントの天才の定義は、そのほぼすべてが私たちの天才イメージと合致しているにもかかわらず、ただ一点のみ、ひどく今日的「天才」概念から外れている点があるからである。つまりカントは、「IQ200の天才」といった表現が指すような「頭の良さ」について、まったく無視しているのである。

「規則に従って習得されたもの」をカントは、断固として「天才」の範疇外に置く。お勉強して身についたものなど天才でも何でもないと考えるわけだ。たとえばＩＱテストには当然既成の諸々のルールがあり、それにのっとって高得点をマークしても、そんなものは天才の証でも何でもないということである。「秀才」は独創的ではないから「天才」ではない、という話だと思ってもいいだろう。

そして面白いことにカントは、まったく同じ理由によって、科学に天才はいないと断言する。「天才科学者」などはいない——ニュートンの名を引き合いに出しながら、カントはこう力説する。彼によればニュートンは、たしかに非常にすぐれた科学者ではあっただろうが、彼が発見した規則は、いったんそれが知られるやいなや、誰でもそれなりに模倣学習することが可能になる種類のものだ、だからニュートンは天才ではないというのである。カントいわく、科学において偉大な発見者と凡人の差は相対的なものにすぎない。

カントの考えでは、本物の天才は芸術の世界にのみ存在する。天才の条件とは、既成の規則からまったく自由に、無から新しい規則を作り出す能力のことなのだ。しかも天才が発見するルールは、凡人が後追いしてその通りやれば名作ができるというような

「マニュアル」ではない。逆に科学的発見はすぐにマニュアル化されうるからこそ、科学者に天才はいない。誰にも真似できない規則を無から創造するのがカント的天才である。

モーツァルトはぶっとんでいる

思わず考え込む――はたしてカントはモーツァルトを天才とみなしただろうか、それとも……？　これはじつに微妙な問いだ。というのも、一方でモーツァルトはたしかに、カントがいう既成の規則を自在に操る高ＩＱ型天才少年だったから。

何度も述べるよう、モーツァルトの少年時代、音楽家はまだ独創的であることを強く求められる職業ではなかった。なぜなら彼は職人なのだから。職人にとって何より大切なのは、客のどんなリクエストに対しても応えられるよう、ありとあらゆるパターンを熟知していることだ。そして父レオポルトが息子に徹底的に教え込んだのも、これであった。パターンを教えたのだ。そして土地によっても好みの音楽パターンが違ったから（たとえばミラノの好みはこれ、ウィーンの好みはこれ、パリで人気なのはこれ、といった具合である）、レオポルトは息子に口やかましく、それぞれの場所でどんなスタイルが好まれているかをじっくり見定めろというのが常だった。

たしかにモーツァルトの音楽には、どんな作品でも必ず出てくる明らかなパターンがいろいろある。たとえば彼のピアノ曲はどれも、ほとんどが十六分音符の音階の繰り返しばかりでできているといえなくもないし、伴奏音型にも定型がいくつもあり、主和音に解決する直前の属和音上のトリルも好みのパターンだ。またメヌエットは当時一番需要が多かった舞曲だが、レオポルトが息子に最初に教えたのもこれだった。晩年になるまでモーツァルトは、オペラであろうがピアノ・ソナタであろうが交響曲であろうが、繰り返し巻き返しメヌエットのスタイルを使い続けた。これらはすべて「規則に従って習得されたもの」だった。

だが同時にモーツァルトは、何もないところに規則を作り、しかもその規則は誰にも真似ができないという意味でもまた、文句なしの天才だった。「完全な規則破りであるにもかかわらず、何か別のルールに基づいているとしか思えない調和がある」というような感覚である。つまりそれはパターン化やマニュアル化を徹底的に拒む規則であり、

『フィガロの結婚』序曲の自筆譜

規則にならない規則なのだ。

すこし専門的になるが、モーツァルトの時代の作曲家には、曲のテーマを書くときのはっきりした「規則」があった。それは「4小節×2＝8小節を主題のフレームにする」ということである。ハイドンはほぼ常にこのルールを律儀に守る。ベートーヴェンもそうだ。だがモーツァルトは時として、この同時代の常識を完全に逸脱するようなテーマを書く。

こうした例は数多(あまた)あれど、ここでは『フィガロの結婚』序曲を取り上げよう。あまりにも有名な作品だ。最初の一音が鳴り始めた時からもう、幕が上がる前の沸き立つような興奮がかきたてられる。何もかもが完璧に調和している。

すべてがこのうえなく自然に流れ去る。ところが楽譜を見て人は仰天する。何と最初のフレーズは1＋2＋4＝7小節！　続くフレーズは2＋2＋7＝11小節！　小節の数がメチャクチャなのである！　一般常識からいえば完全に狂っている。デタラメである。しかしどんなに律儀にルールを守って作られた音楽よりも、これは調和している。すべてがしっくりくる。これ以外の音の運びなど想像もできないだろう。しかも1＋2＋4＝7小節でテーマを書いたらこんなにエキサイティングになるからと、4×2＝8小節の代わりにこちらをルールにして、それに従って凡人が曲を書いたとしても、目も当てられない結果になることは間違いない。どうしてもマニュアルになってくれない規則、凡人が模倣するなど不可能な規則、規則ならざる規則を、天才は発見する——この意味でモーツァルトは全き意味での天才であった。

第7章　フリーになるということ

「自分らしくある」ということ

モーツァルトは近代的な芸術家の自意識をはっきり持っていた人である。「自分は特別だ」というプライドがその証だ。そして彼がザルツブルク大司教との縁を切ってウィーンでフリーになったとき、それはまさに近代的な意味での「天才作曲家」が誕生した瞬間であった。天才はフリーでこそサマになる。雇い主の顔色をうかがいながら勤め人をやっている天才では恰好がつかない。もちろんモーツァルトとて、終生フリーでいる気はなかっただろう。彼の狙いはおそらく宮廷に雇ってもらうことであったと思われ、実際かなり後になって宮廷作曲家の称号を得ることもできた。ただしその内実はといえば、宮中の舞踏会のための作曲程度のものであり、まさに絵にかいたような宮仕えだったが、彼はそのために喜んでメヌエットを書いたりしている。

しかしモーツァルトは、勤め人をやらないと食っていけない程度の仕事しかないザルツブルクと違って、音楽がさかんな大都会ウィーンに出れば、定職を見つけるまで何とかフリーで食っていけると算盤をはじいていたはずである。食うあてもないのに、自分から雇い主に喧嘩をふっかけるようなお人よしでは、彼はなかった。自分が本当にやりたいと思う仕事を自分で選べる、自分を本当に評価してくれる人に自分を高く売る——これこそが芸術家を自負する人間にとって何より重要なことなのだ。

「自分らしくある」ということ——これはとても近代的な考え方だ。「オンリー・ワンの自分となることができれば、余人をもって代えられない自分であれば、必ずや世間から認められ、そして自由に生きていくことが可能になる」という夢が、近代市民社会のエンジンだったとすらいえるだろう。そして天才芸術家こそは、近代人のこの夢を実現してくれるスーパーヒーローに他ならなかった。今日でいえば彼らは、スポーツ選手やアイドルタレントのようなものだったとすらいえよう。一体どうしてこの二百年の間に、社会のスーパーヒーローが芸術家からスポーツ選手に交代したのか、その理由はともかくとして、十九世紀にあれだけ天才崇拝／芸術家崇拝が広まった理由の一つは、彼らが「社会の夢」をかなえてくれる存在だと思われたことにあった。

金持ちとまではいわずとも、とにもかくにもフリーで食っていくことに成功した最初の作曲家は、最晩年のハイドンとベートーヴェンである。この二人にモーツァルトを加えて、一般に「ウィーン古典派音楽の三人の巨匠」とされる人たちだ。このうちモーツァルトだけは、文句なしの社会的成功をおさめることができなかったわけだが――これは彼が早世したこととも関係があっただろう――、いずれにせよモーツァルトは作曲家が自立できる可能性が見えてきた時代を生きた人なのであって、このチャンスをものにしようとウィーンに出てきたわけである。

勤め人にならずどう作曲家は食っていくか？

では作曲家は、宮廷や教会の勤め人にならずして、いかにフリーで食っていくか？　それは楽譜収入とコンサートの売り上げを置いてほかにない。たとえばハイドンは晩年に二回にわたってイギリスに招待され、そこで自作交響曲を発表して大儲(もう)けした。ザロモンというマネージャーがハイドンの新作交響曲を目玉とするコンサートを企画し、それに招かれたのである。後で述べるが、一般に切符を売り出し、それを買った人なら誰でもその音楽を聴ける「コンサート」という制度は、実質的にハイドンのロンドン・ツアーをもって始まったといっていい。そしてザロモンこそは史上初の音楽マネージャーだった。要するに「コンサート」は、資本主義的な自由マーケットを前提としており、ハイドンの交響曲は一般市場に売り出され誰でも買うことが出来る「商品」であり、ザロモンはハイドンという資本を元手に大儲けした企業家だった（ハイドンもまた「作品」という資本を使って儲けた）ともいえ、こうしたことはこれ以前にはなかったのである。

ベートーヴェンについていえば、彼は「お勤め」を一度もせず食い扶持を立てることができた、音楽史上で最初の作曲家である。周知のように晩年の彼は耳が聞こえなくなった。音楽家としては致命的である。難聴に悩まされるようになってからは、当時の音楽家にとってもっとも手堅い食い扶持の一つであった演奏はおろか、ピアノのレッスンすらできなくなっただろう。それでも彼は食いっぱぐれたりすることなく、偉大な芸術家としての名声をほしいままにした。彼の葬儀は半ば国葬のようにして行われた。こんなことは前代未聞であった。ではどうしてこんなことが可能になったかといえば、一つは楽譜収入、もう一つは「大芸術家」としての圧倒的名声のゆえの裕福なパトロンからの支援があったからである。彼は音楽史で初めて「芸術家」として自立自活したのである。

思うにハイドンとベートーヴェンは、モーツァルトが夢見て果たせなかったことをやり遂げた人である。モーツァルトはすこし早く生まれすぎたということも出来るかもしれない。ハイドンはモーツァルトより二十歳以上も年長であったが、とても長生きをした。ハイドンが初めてロンドンで成功したのは一七九一年。奇しくもモーツァルトが亡くなった年である。モーツァルトもあと十年長生きしていたら……。そろそろ彼が夢見た時代――作曲家がフリーでやっていける時代――が現実のものとなり始めたそのタイミングで、モーツァルトは世を去ってしまった。

資本主義の黎明期に生まれたモーツァルト

ハイドン、モーツァルト、ベートーヴェンが生きたウィーン古典派の時代。それは音楽における資本主義の黎明期だった。いまでは彼らの作品は「クラシックの名作」として、偉大な芸術作品として、恭しく受容されている。しかし彼らの交響曲やピアノ協奏曲やピアノ・ソナタや弦楽四重奏は、特定の顧客のための注文制作ではなく、公開コンサート（一般にチケットを売り出すそれ）や楽譜出版のために書かれたものであり、つまりマーケットでより広い公衆を相手に自由に売り買いされる「商品」として作られた。「貴族であろうがなかろうが、身分などに関係なく、私の作品に高値をつけてくれる人、私の作品を心から愛してくれる人に、私の楽譜やコンサートの切符を売ります」とやるわけである。お金さえ出せば誰でも自分が好きな音楽を聴ける。こんな今日では当たり前のシステム――資本主義のもとでの経済的自由に基づく市場システム――が生まれつつあったのが、モーツァルトの生きた時代である。

モーツァルトやベートーヴェンの作品が、じつは「マーケットで売り買いされる商品」だったなどというと、気を悪くされるむきもあろう。しかし幸か不幸かモーツァルトは、民主主義に伴う新しい社会システムの見るに堪えない負の側面が、まだ露わにはなっていなかった時代に生きた。音楽が自由市場でとりひきされる時代というものが、モーツァルトの目にはきっとキラキラと輝いて見えていただろう。もう主従関係といったしがらみに束縛されず、自分の好きな音楽を自由に書いて暮らしていくことが出来る。

わがままな雇い主のご機嫌とりなどせずとも、自分の音楽を本当に愛してくれる人に自由マーケットでなら出会える。身分などに関係なく、私心のない芸術愛から音楽を聴いてくれる人なら、きっと僕の音楽をわかってくれるはずだ。こんな期待に彼は胸を躍らせていたはずである。

マンハイムでアロイージア・ウェーバーに恋をして、父親に再三「女には注意しろ！」と警告されたさいにモーツァルトは、純粋といえばあまりに純粋な調子で、自分の恋愛観について次のように書いた（一七七八年二月七日）。「僕は金銭結婚などしたくありません」。「〔貴族と違って〕僕ら貧しい庶民は、愛し愛される妻を選ぶことが出来るし、そうする権利があります」。「僕らに金持ちの奥さんなど必要ありません。僕らの財産は頭のなかにあるのですから、誰もそれを奪うことは出来ません」

おそらくモーツァルトのこの結婚観は、彼の音楽観にもそのまま当てはまったことだろう。僕は金持ちの雇い主のために音楽を書きたくなんかない、僕の音楽を愛してくれる人のために僕は書きたいし、そうする資格がある、僕に金持ちのパトロンなど必要ない、僕の財産は頭のなかのインスピレーションのなかにあるのだから！——これこそモーツァルトがウィーンでフリーの生活を始めたときに抱いていた壮大な抱負ではなかったか。

ウィーンに出てきて少なくとも数年間、モーツァルトの新生活は順風満帆であった。一七八四年三月三日の手紙で彼は、演奏会の日程について誇らしげに父に自慢している。三月だけで十九回ものコンサートをやったというのである（ほとんどは貴族の邸宅でのプライベート・コンサートだったが）。そして一七八四年四月十日の父への手紙には、「こんなに長い間ご無沙汰したことを、どうぞ怒らないでください。でも、僕が最近どんなに忙しいか、ご存知ですね？　三つの予約演奏会で、僕はたいへんな名声を得ました。劇場でのコンサートも非常に好評でした。二つの大きな協奏曲（KV. 450/451）を作曲しました」とある。

「予約演奏会」は作曲家の個展だ

上の手紙のなかにある「予約演奏会」は、フリーランスとしてのモーツァルトの活動を理解するうえで、とても重要なキーワードである。要するにそれは、オペラ劇場で公演がない期間などに、そこを自分で借り切って事前に予約客をつのり、自分の「新作個展コンサート」をすることなのである。

モーツァルトは自分で予約客を募り、劇場を借り、曲を書き、自分で指揮してピアノを弾くといった具合に、マネージメントと作曲と演奏の一人三役をこなしていたのだろう。三月二十日の父への手紙で彼は、自分の予約会員を列挙し、いかに多くの名士が自分の顧客になってくれているかを自慢している。貴族のお茶会などで注文に応じて余興を提供する私邸でのサロン・コンサートと予約演奏会では、まったく場の性格が違っていた。それは芸人としての余興の提供ではなく、芸術家としての「自分」を表現する場所であった。客は彼の音楽が心から聴きたくて集まってくる人びとであった。

ウィーンに出てきて数年、貴族の令嬢のレッスンをしたり、彼女らのために曲を書いたり、貴族の館でのサロン・コンサートをする合間に、予約演奏会という個展によって自分を広く世間にアピールすることにも余念がなかったこの時代。モーツァルトがおそらくもっとも心血を注いで書いたと思われるジャンルが、ピアノ協奏曲である。

そもそもどんな大作曲家といえども、書いた作品すべてが傑作というわけではない。

バッハやモーツァルトやベートーヴェンのような破格の巨匠ですら、特別に力を入れて書く曲と、ある程度仕事と割り切って書く曲との区別はしていたはずだ。そもそも限られた時間のなかで曲を書く以上、この区別をしておかないと（つまり来た作曲の依頼すべてを同じエネルギーでこなしていたら）仕事にならない。十八世紀までのように作曲家がまだ芸術家ではなく職人で、注文に応え次々に「お仕事」として大量の曲を書かねばならなかった時代にあっては、なおのことである。モーツァルトがウィーンでフリーランスとして仕事を始めて数年間、一番力を入れていたジャンルの一つがおそらくピアノ協奏曲だったというのは、このような意味においてである。

すでに書いたように、当時の作曲家にとってはオペラで名を挙げることがキャリアの最終目標だった。オペラ収入は他のジャンルとは桁違いだったのである。そしてモーツァルトは、ウィーンの宮廷から『後宮からの逃走』というオペラの作曲依頼が来て、おそらくそれでもって「やっていける！」と判断し、ザルツブルク大司教のお雇いからフリーになり、また結婚の決意もしたと思われる。ただしそこは生き馬の目を抜くがごときウィーンの音楽業界、すぐに次々とオペラ依頼が来るほど甘くはなかった。そんなときに、ピアノの名手だったモーツァルトにとって、自分の才能を一番強く世間にアピールできるジャンルが、ピアノ協奏曲だったのである。ピアノ協奏曲は予約演奏会の「目玉」だった。

ピアノ協奏曲の魅力

モーツァルトが立て続けにピアノ協奏曲を書くようになり始めるのはウィーンに出てきた翌年、一七八二年の末からである。まず十一番から十三番、ほぼ一年後の一七八四年初めに十四番から十七番、同年の後半に十八番と十九番、一七八五年に二十番から二十二番、一七八六年に二十三番から二十五番と、彼のピアノ協奏曲の半分以上が五年以内の間に書かれているのである。十一番から十三番を除き、いずれも予約演奏会でピアノの腕を披露するための曲だ。ちなみに『フィガロの結婚』が初演される一七八六年以後、彼の関心はおそらくオペラ創作に移っていったと思われ、ピアノ協奏曲の数ががくんと減る。

モーツァルトのピアノ協奏曲で一般に人気があるのは二十番以後、つまり一七八五年以後の作品である。一七八六年にはオペラ『フィガロの結婚』の、翌一七八七年には記念碑的大作であるオペラ『ドン・ジョヴァンニ』の初演が来る。モーツァルトの作風のスケールが目に見えて大きくなるのはこの時代からであり、ピアノ協奏曲にしても二十番以後はそれまでと比較にならないくらいドラマティックになる。一つ一つの作品に他と見紛うことのない強い個性が出てくる。一七八四年の暮れ、つまり十九番（一七八四年十二月十一日完成）と二十番（一七八五年二月十一日初演）の作曲のちょうど間に、モーツァルトはフリーメーソン（後述）に入信していて、この間に人生観が大きく変わったのかもしれない。

モーツァルトのピアノ協奏曲のうち、一般には専ら二十番以後の作品の人気が高いことに、理由がないわけではない。これらと比べると、オペラの委嘱がくるのをひたすら待っていただろう雌伏の時期の十番代の協奏曲は、個性という点でやや弱い。結構どれもよく似ている。それに優美な装飾品のごとき性格が強く、とても流麗に仕上げられてはいるものの、ドラマティックではないから、聴き手の記憶にあまり引っかからないのかもしれない。極上のＢＧＭとして聞き流されてしまう可能性はある。

それでも私は十番代のピアノ協奏曲がとても好きだ。何が素敵だといって、人懐こく甘えるような表情がたまらない。イタリア語でいう「ドルチェ」（周知のとおりデザートの意味にも使われる）の甘さだ。どの曲のどの瞬間をとっても、このドルチェが聞こえてくる。二十番以後になると、どれもとても立派なのだが、そして深さの次元において以前の作品とは比較にならないのだが、この種の無防備な甘えん坊といった蠱惑的な表情はあまり見せない。もうすこし無邪気でなくなる。いわばモーツァルトも大人になったということだろうか。

たとえば第十二番（KV. 414）の出だし。ここではオーケストラ全体が人の声になって、直接に耳元で話しかけてくる。ふつう音楽というのは眼前で演奏されているのを聴くものであるから、「呈示」という性格を強く帯びる。聴き手にプレゼンテーションされるのである。もちろんプレゼンされる音楽は立派で堂々としているほどカッコいい。だがどうしてもそこには聴き手と眼前の音楽との間に距離が出来る。クラシック名曲のたいていは、この種の「プレゼンされる音楽」だ。しかし第十二番の冒頭のテーマは、「どうだ！」とばかりに提示されるのではない。聴き手の耳元で肉声でひっそりとささやきかけてくる。舌っ足らずな甘い声で「どうしたの?」と。ここにいるのは「私」と「あなた」だけ。とても親密な空間が出来る。

世界中の人と友達になる夢

第十九番までのピアノ協奏曲にしても、たとえば第十六番などはとても立派にプレゼンテーションされる類の音楽だ（第十四番もそれに近い）。そして晩年の最高傑作である第二十七番を除き、第二十番以後のピアノ協奏曲はプレゼンテーション型が多くなる。それに対して右に紹介した第十二番、あるいは第十五番の口笛を吹くような始まり、第十七番のしなを作るみたいなそれなどは、誰かからふと声をかけられたみたいにして聴きたい。目の前のステージで立派に演奏されるのを拝聴するより、さも誰かがそこに置いてあるピアノで爪弾きを始めたかのように、いつの間にか自分の斜め後ろのほうから響きが流れ込んできたかのようにして聴きたいのである。

こんな風に「自分に話しかけられているような気になる音楽」というものを、私はこの時期のモーツァルト以外にほとんど知らない。きっとモーツァルトは誰かに話しかけたくてたまらない人だったのだろう。自分が音楽さえ奏でれば世界が自分に微笑んでくれる。どんな人でも幸せになってくれる。そう信じて疑わなかったに違いない。実際彼は子ども時代に、神童としてまさにそういう経験をしたのだから。

モーツァルトが六曲ものピアノ協奏曲を書いた一七八四年、彼の予約演奏会の顧客リストには一七六名ものウィーンの名士が名を連ねていた。ウィーンでフリーとしてやり始めて三年足らずの間に、モーツァルトは見事に「自分の音楽を愛してくれる人の環(わ)」を作り上げた。それは雇い主の注文のままに次々と作曲する生活とはまったく違う、新時代の音楽家のありようだった。自分の音楽を通して世界中の人と友達になれる——そんな夢がこの時期の彼の作品からは輝き出している。

第8章　芸術家と実人生

伝記は作品のミステリーを解く鍵？

ある芸術家に夢中になると、その伝記が読みたくなる。どんな人がどんな気持ちでこれを作ったんだろう？　――素朴な好奇心が湧いてくる。それに多くの芸術家たちの人生は波乱万丈の出来事とミステリーに彩られている。だから彼らの人生の謎を解けば作品が判読できると、つい私たちは思ってしまう。伝記こそ作品解読の最良の参考書だと考える。

ただし「伝記による作品解読」というマニュアルは、常に有効なわけではない。たとえばバッハ。作品のなかに封じ込められた作者の内面生活などというものを、彼の作品はほとんど感じさせない。それはただ見事なものとして、ただそこに「在る」。彼の作品は芸術家の秘められた人生を覗（のぞ）き見る窓ではない。作品はあくまで作品であって、実人生の理解の手引きではない。

バッハが生きた十八世紀の前半といえば、作曲家がまだ「職人」だった前近代である。しかし十九世紀に入ると状況は一変する。近代の作曲家は「芸術家」になる。強く「私」を意識し始める。彼らの作品は彼らの実人生へと思いを馳(は)せさせずにはおかない。ジョルジュ・サンドとの恋抜きにショパンの、クララとの婚約抜きにシューマンの、イタリア統一の夢を抜きにヴェルディの、不治の病の宣告を考えずにマーラーの創作を理解できるか？　彼らの作品を聴いていると、私たちは思わず「人生においてたしかに何かがあったのだ……」という気にさせられる。彼らの私生活が覗きたくなる。

人生の投影を強く意識させる類の音楽を書いた最初の人は、おそらくベートーヴェンだろう。たとえば有名なピアノ・ソナタ第十四番「月光」。この作品についてはまことしやかなエピソードが大量に作られた。いわくベートーヴェンは「不滅の恋人」とされる謎の女性のためにこれを書いた、月光が照らす夜に出会った盲目の少女のために書いた等々。交響曲第三番「エロイカ」についてのエピソードも有名だ。もともとベートーヴェンはこれをナポレオンに献呈するつもりだったが、彼が皇帝になったことに怒って、献辞が書かれた表紙を破り捨てたというのである。

これらがはたして実話かどうかは、ある意味でどうでもいい。たとえ実話でなかったとしても、これらのエピソードがまことしやかに語られてきたという事実が重要だ。真剣に考えるべきは、たとえフィクションであったとしても、ベートーヴェンの当該作品を聴いていると、いかにもこうした逸話が本当らしく思えてくるということなのである。作り話だとわかっていても、「人生において何かがあったからこそこの作品は書かれたのだ」と人に感じさせずにおかない、そんな作品をベートーヴェンは書いたということだ。

そこにいくと、十八世紀の人だったモーツァルトにおける「人生と作品」の関係は、じつに微妙である。もちろん彼には、ベートーヴェン以後の作曲家ほどの強烈な自意識はまだなかっただろうから、作品を通した自己演出など想像もつかなかっただろう。自分の喜怒哀楽を露出症的に見せびらかすえぐさのようなもの――ベートーヴェンはさておき、ワーグナーやベルリオーズには確実にそうした傾向があった――ほど、モーツァルトに縁遠いものはない。彼の音楽はもっと恥じらい深い。それにプライバシーを安直にさらすことを潔しとしない貴族的なプライドの高さのようなものがある。フランス革命勃発の二年後に亡くなったモーツァルトは、どれだけ貴族的なものに反抗しようとも、この点でやはり王侯の時代の申し子だった。

しかしそれでもモーツァルト作品には、ベートーヴェンほどストレートではないにせよ、聴いていてたしかにそこから人生が透けて見えた気がする瞬間が存在している。作品でもって人生を表現しようとする積極的な意志が、はっきり彼にあったかどうかは知らない。むしろそんなつもりはなかったことのほうが多かっただろう。それでもモーツァルト作品からはしばしば、秘めた内面の声が聞こえてくる。たとえ本人に自覚はなかったとしても、聴き手をそういう気にさせる。ここが彼以前の作曲家――バッハをはじめとする近代以前の作曲家――と決定的に違う点だ。

モーツァルトの創作と母の死

これはあくまで私の個人的な印象であるが――というのもこうした問題は証拠を挙げて確定することなど不可能だからだが――、モーツァルト作品から透けて見えると思える人生モチーフとしてもっとも印象に残るのは「父」であり「死」であり「女性たち」

である。そしてこれまた私見によれば、実人生の出来事をつい結びつけて聴きたくなる（というか、人生と結びつけないことには説明がつかない気にさせる）作品が書かれ始めるのは、すでに触れたところの悪夢のパリ旅行以後のことである。旅行最大の目的であった「就活」に失敗し、付き添いの母を旅先のパリで亡くし、父親を激怒させた、あの旅行である。

パリでは異様に暗い二つの作品が書かれた。ホ短調のヴァイオリン・ソナタ（KV.304）、そしてイ短調のピアノ・ソナタ（KV.310）である。後者の出だしの尋常ならざる激しさ。何か切羽詰まったような左手の連打。絶望を叩きつけるようにして和音を左手で打ち鳴らすこうした書法を、モーツァルトは後にも先にもほとんど使わなかった（ベートーヴェンはよく用いたが）。彼のピアノ曲の左手は原則として、もっと優雅なアルベルティ・バスと呼ばれる分散和音の音型である。

同作品の終楽章における、動悸を懸命におさえているような調子も、ただごとではない。時として長調の明かりが弱々しくまたたくが、それは束の間の淡い希望か、それとも死の床についた母の白い顔を照らすロウソクか。モーツァルトがこれほど絶望的な音楽を書いたことは、それまでに一度もなかった。すでに一七七三年に同じト短調の悲劇的な交響曲第二十五番（KV. 183）が書かれてはいる。だがこの交響曲は、出だしこそイ短調のピアノ・ソナタの予告とも思える激烈さを示すものの、すぐに明るく華やかな第二主題に移動していく。それは壮麗でこそあれ、イ短調のピアノ・ソナタのように不気味ではない。

このイ短調のピアノ・ソナタを聴くとき、人はモーツァルトの実人生を考えずにはおれないだろう。きっと重病の母を宿に一人残し、仕事のため外出しなければならないこともたびたびあっただろう。外出先で母のことが気になって急に不安にとりつかれることがなかっただろうか？　日に日に痩せていく母を見ながら、パリに来る旅の途上でさんざん女遊びしたことを後悔しなかっただろうか？　就活がうまくいかない自分を責めなかったか？　そして何より、「こんなことだと父に一体何をいわれるだろう……」という不安に怯(おび)えなかっただろうか？

「厳父」の恐怖

このパリ旅行のエピソードは典型だが、モーツァルトの人生ならびに創作においては、時として「死」のイメージが「父」のそれに結びつくように思う。父といっても、包容力ある優しい父ではない。レオポルトがそうだったような、厳格で恐ろしい父だ。

すでに述べたようにモーツァルトは、パリへ行く途上、父の監視がないのをいいことに、まずアウグスブルクで従妹のベーズレちゃんと思いきり遊び、次にマンハイムでアロイージア・ウェーバーという歌手に熱をあげ、彼女と結婚するといい出して父を怒らせた。そしてとどめがパリでの母の死である。怒りが沸点に達した父レオポルトは、「もうおまえには期待しない」とばかり、即刻息子に帰郷命令を出した。人生の悦楽の只中に突如として死が姿を現す、そして放蕩息子の自分は厳父のもとへ引きずり戻される――こうした強迫妄想が、モーツァルトのその後の人生と創作においてたびたび反復されるようにみえる。

前章でも触れたよう、結婚してウィーンでフリーとして活動し始めて数年、モーツァルトのキャリアは絶好調だった。「楽しくやっていた」わけだ。いかに自分が売れっ子であるか、彼は父親への手紙で自慢気に書いたりしている。結婚が原因ですっかり疎遠になっていた父レオポルトが、息子の様子を見にウィーンにやってくるのは一七八五年のことである。何せモーツァルトは結婚の翌年である一七八三年に里帰りしたきり、父に会っていなかったのだ。心からの再会だったとは思えない。結婚して自活するようになり、もはや「お父さんのよい子」ではなくなった息子を、父はどんな目で見たか。モーツァルトの側にしても、「もうお父さんの世話にならなくていい自分」をことさら見せつけるような振る舞いをしなかったか。さらにいうならば、父の来訪と聞いてモーツァルトは、思い出したくもない過去の亡霊が突然姿を現したような気持にならなかっただろうか？

こんな想像をしてしまうのも、よりによって父がウィーンに到着した当日の一七八五年二月十一日に予約演奏会でモーツァルトが弾いたのが、ピアノ協奏曲第二十番ニ短調（KV. 466）だったからである（父はそこに列席している）。全編が死の闇に閉ざされ、時として雷鳴か地獄の業火のごときパッセージが轟く。異様な作品である。レオポルトがこの日ウィーンに到着するということは、あらかじめわかっていたはずである。よりによってこんな作品で父を迎えなくてもいいだろうに。

自分の晴れ舞台でもって父を歓待するというには、この作品はあまりにも暗い。第十九番までのピアノ協奏曲の快活さとあまりにも性格が違う。朗らかな第十九番を作曲した前年十二月の末に、モーツァルトはフリーメーソンに入信した。だから父が来る二月までの間に、何か大きな人生観の変化があったとも考えられよう。だがそれ以上に私には、「父がやってくる」ということ自体がモーツァルトに強迫観念じみたものを呼び覚ましたと思えてならないのである。

楽しくやっている息子の前に突如として姿を現す厳父。そして死。これはまた、すでに述べたよう、彼の最高傑作であるオペラ『ドン・ジョヴァンニ』のモチーフでもあった。ひたすら快楽を探究する主人公の生きざまは、音楽の刹那的な官能と美を求め続けたモーツァルトの人生にぴったり重なる。そしてドン・ジョヴァンニは最後、墓場から姿を現した石像に地獄へと引きずられていく。石像が「父」ないし「掟（おきて）」といったものの象徴であることはいうまでもない。このオペラの調性はピアノ協奏曲第二十番と同じニ短調だ。第一楽章のシンコペーションのリズムの胸騒ぎも、テンポこそ違うが、『ドン・ジョヴァンニ』の石像の場面とそっくりである。

レオポルト・モーツァルトが亡くなったのは一七八七年五月二十八日。そして『ドン・ジョヴァンニ』が初演されたのは同年十月二十九日。偶然の符合にしては出来すぎだ。『ドン・ジョヴァンニ』を作曲し始めただろうころに、父が亡くなったのである。死んだ父が亡霊になって自分を連れ戻しにやってくるといった妄想が、作曲中の彼の脳裏をよぎらなかったはずはないと、私は思う。

女性たちの肖像

だがモーツァルトの作品からほの見えるのは、こんな負の想念ばかりではない。彼の創作にあって「父」や「死」のモチーフと対を成すのが、色鮮やかな「女性たち」の姿である。死と官能、厳父の掟と女たちの快楽――そもそもモーツァルトの全作品が、この両極の間に張り渡された細い糸の上で繰り広げられる戯れだったとすらいえる。そしてモーツァルトの創作を彩る「女たち」は、しばしばオペラのヒロインに姿を変えて登場する。つまりモーツァルトのオペラには、モデルがいたとしか思えない女性キャラクターが頻繁に登場するのである。

実際のモデルがいたと考えて間違いない女性キャラクターの端的な例は、オペラ『コシ・ファン・トゥッテ』（モーツァルトの死の前年である一七九〇年の初演）に登場する姉妹である。気位が高い姉とすこし軽率な妹。モーツァルトの伝記を読んだことのある人なら、アロイージアとコンスタンツェの姉妹を連想せずにはおれないだろう。すなわち姉アロイージアがパリ旅行の途上のマンハイムで出会って熱をあげた歌姫の卵、そして妹コンスタンツェが後にウィーンで再会して結婚することとなるその妹である。そしてコンスタンツェについていえば、『コシ・ファン・トゥッテ』のおよそ十年前、結婚の直前に書かれたオペラ『後宮からの逃走』のヒロインもいる。すでに述べたように、彼女はモーツァルトの妻となる女性と同名だったのである。このオペラは恋人への熱い想いを歌い上げたアリアで目白押しだ。

愛の賛歌ともいうべき『後宮からの逃走』にせよ、「父」や「死」への恐怖で満たされた『ドン・ジョヴァンニ』にせよ、アロイージアとコンスタンツェ姉妹の肖像とも思える『コシ・ファン・トゥッテ』にせよ、モーツァルトのオペラには常に明らかな実人生の投影がある。彼の作品がたんに「見事に仕上げられた音楽」という範疇（はんちゅう）を超えて聴く者に訴えかけるとすると、それはきっと作品からモーツァルト自身の生々しい実体験が透けて見えるからにほかなるまい。

第9章　美の冷酷さについて

みなぎる創造力と冷笑

モーツァルトの創作が一七八五年あたりを境に一気にスケールアップするということは、衆目の一致するところだろう。同年二月に父がウィーンにやって来た当日に初演されたピアノ協奏曲第二十番が、それまでの協奏曲とまったく違う劇的な作品であることは、すでに述べたとおりだ。同じく父がウィーンに滞在していた頃に完成されたいわゆるハイドン弦楽四重奏は、モーツァルトが足掛け五年をかけ、知恵の限りを尽くして完成させた自信作であって、ハイドン本人からも絶賛された。そして一七八六年には待ちに待ったオペラの仕事である『フィガロの結婚』が初演される。

このころからモーツァルトは、それまでのようにさまざまな顧客のニーズに合わせて雑多なジャンルを量産するのではなく、全エネルギーをオペラに傾注し始めたように思える。『フィガロの結婚』の翌一七八七年には『ドン・ジョヴァンニ』がプラハで初演される。モーツァルトが書いたもっとも巨人的な作品だ。このあたりがモーツァルトの創作の力の頂点だったといっていいだろう。彼の音楽にはそれまでになかったドラマティックな陰影が加わる。壮大さを誇示するようになる。二つのオペラ以外にも、第二十番から二十五番のピアノ協奏曲、一七八七年に初演された交響曲第三十八番「プラハ」(KV.504) など、この時期の作品はいずれもこうした特徴を備えている。

一般に『フィガロの結婚』あたりからモーツァルトは、いわゆる円熟期に入ったということにされている。規模の大きさや作曲手腕の一層のこなれや音楽の大人びた顔つきは、たしかにモーツァルトの作曲家としての成熟の証ではあるだろう。だが「成熟」や「円熟」といった言葉を使ってしまうと見落としてしまう肝心のことがある。それはモーツァルトの人間洞察の「えぐさ」――ふつう人が敢えて通り過ぎようとする人間の負の面を、「人間なんてしょせんこんなもんさ」とばかり平然と見つめる冷淡さ――とでもいうべきものだ。

「円熟」とか「成熟」という表現の背後には、人間というものへの楽天的な信頼が隠れている。「人は年齢を重ねて完成へ向かう、より高い人間性に到達できる」という成長神話である。対するにベートーヴェンの後期作品を論じた素晴らしいエッセイのなかで、哲学者のアドルノはいった。「大芸術家の晩年の作品に見られる成熟は、果実のそれには似ていない。それらは一般に円熟しているというより、切り刻まれ、引き裂かれてさえいる。おおむね甘味を欠き、渋く、棘があるために、ただ賞味さえすればいいというわけにはいかない。芸術家の成熟は果実のそれではない」――至言である。そしてモーツァルトについても私は、あまり「円熟」という言葉を使いたくない。

ダ・ポンテ三部作と愛への不信

陰影の深化および規模の壮大さと並び、この時期からのモーツァルト作品の特徴として、私は「シニシズム」を挙げたい。常にそうだ、というわけではない。だが時として音楽のなかに、それまででは考えられなかったような冷笑が浮かぶ。音楽が素直でなくなる。「壊れた」という言葉を使いたくなるような表現が出てくる。

たとえば一七八五年に出版されてハイドンに捧げられた弦楽四重奏の一つ、第十九番「不協和音」(KV. 465)の出だしの恐ろしく耳障りな音程は、当時の人びとには気でも狂

弦楽四重奏曲第19番「不協和音」の自筆譜

ったかのように聴こえただろう（事実この四重奏がある貴族の邸宅で演奏されたとき、主人は一楽章が終わったところで怒って楽譜を破いたという）。『ドン・ジョヴァンニ』の石像の場面（そして序曲の出だし）における不気味な半音階、あるいは下手くそな音楽家をパロディーにした一七八七年の『音楽の冗談』（KV. 522）の不協和音も、「壊れた」という表現が誇張ではない例である。しかしモーツァルトのこの時期からの表現の「えぐみ」は、こうした不協和音ばかりではない。このうえなく美しいパッセージの背後にも、ただならぬ悪意と冷笑が潜んでいたりする。

モーツァルトのシニシズムを実感するには、まずは彼が選んだオペラ台本の筋を知るのが手っ取り早い。『フィガロの結婚』、『ドン・ジョヴァンニ』、そして一七九〇年初演の『コシ・ファン・トゥッテ』――「モーツァルトの三大オペラ」と呼ばれたり、すべてロレンツォ・ダ・ポンテの台本によっているので「ダ・ポンテ三部作」と呼ばれたりする――である。

人気オペラ作曲家にしばしばあるよう、モーツァルトが持ち込まれた台本に、さして深く考えず音楽をつけたなどと考えてはいけない。彼は台本選択に相当こだわっていた節があるし、以前の『イドメネオ』や『後宮からの逃走』といったオペラの作曲について父に宛てた書簡を読めば、非常に細かく登場人物の心理を読み込んでいたことは明らかだ。つまり三大オペラの筋――どれも恐ろしくシニカルな物語である――は、モーツァルト自身の選択だったと考えなくてはならない。

端的にいって三大オペラを貫くのは「愛の不毛」のモチーフである。不実であり、猜疑心であり、嫉妬だ。しかも疑念と冷笑は作品を追うごとに深まっていく。

まず『フィガロの結婚』。かつて熱烈に愛し合い、苦難を乗り越えて結婚したアルマ

スザンナに化けた伯爵夫人とデートする伯爵

ヴィーヴァ伯爵夫婦だが、いまや彼らの間に愛はなく、夫は召使フィガロとの結婚式を目前に控えた女中スザンナに手を出そうと虎視眈々、そして妻のほうも美少年ケルビーノに心を奪われたりしている。結婚を控えたフィガロとスザンナのカップルもたいがいである。スザンナは自分に言い寄るアルマヴィーヴァ伯爵をとっちめるためとはいえ、よりによってフィガロとの結婚式の当夜に伯爵を逢引に誘い出し、夜の庭で待ちながら「早く来て！」と甘いアリアを歌う。しかも婚約者のフィガロが物陰に潜んでいることを承知で、彼に見せつけるように蠱惑的なメロディーを歌う。もちろんこれは全部お芝居なのだが、そうとは知らぬフィガロは新妻の浮気現場を見せつけられて絶望する（もちろん最後はハッピーエンドで終わるが）。

『ドン・ジョヴァンニ』にも二組のカップルが出てくる。どちらも婚約者の関係だ。ドン・オッターヴィオとドンナ・アンナは貴族のカップル。そしてマゼットとツェルリーナは百姓のカップル。主人公ドン・ジョヴァンニはどちらの女性にも手を出す。まずドンナ・アンナは、ドン・ジョヴァンニに凌辱されかけた挙句、父を殺される。彼女は誠実な婚約者オッターヴィオと復讐を誓うのだが、結局彼らの仲はぎくしゃくしてしまい、ドン・ジョヴァンニが地獄落ちした後、オッターヴィオの結婚の求めをアンナは先送りする。コケットな庶民の娘ツェルリーナはもっとしたたかである。彼女は明らかにドン・ジョヴァンニに興味がある。しかし自分から誘いにのったといわれても仕方のないことをしておきながら、婚約者マゼットにばれそうになると「あれは無理強いだった」と言い立て、「悪い私をぶってぶって！」といって恋人に甘え機嫌をとる。ドラマを通して愛の脆さがあられもなく露呈される。

『コシ・ファン・トゥッテ』の主人公も二組の婚約者だ。すでに触れたよう、女性のほうは姉妹である。彼女らにそれぞれ恋人がいて、婚約しているわけだ。しかし自分たちの許婚の貞操を固く信じている男二人を見て、初老の哲学者ドン・アルフォンソは皮肉る。私は長い間生きてきたが、これまで「永遠の貞操」などというものを見たことがない、と。やっきになって反論する男二人。かくして姉妹の貞操を試すゲームが始まる。

男二人は姉妹に「戦場に行かなくてはならなくなった」と嘘をついて、彼女らの前から姿を消し、二人ともアルバニア人に変装してから、相手を交換してふたたび姉妹へのアタックを開始する。姉フィオルディリージの彼氏であるグリエルモは妹のドラベラに、本来は妹ドラベラの彼氏であるフェランドは姉フィオルディリージに求愛するのである。結局のところ姉妹はどちらもあえなく陥落する。かくして「コシ・ファン・トゥッテ＝すべての女性はこういうことをする」という結論に落ち着く。ちなみにこのドラマには「すべての男性もこういうことをする」という含意が明らかであり、要するにこれは「すべての人間は愛を裏切る」という話と考えるべきだろう。

ダ・ポンテ三部作オペラを貫いているのは、あからさまな愛への不信である。『フィガロの結婚』初演は結婚から約四年後。「3年目の浮気」という歌謡曲が昔あったが、一体この間モーツァルト夫妻に何があったのだろう？　いわゆる倦怠期か？　それにしてもダ・ポンテ三部作のオペラの背後に隠れているのは、倦怠期というにはあまりに生々しい愛への猜疑心だ。

たしかにモーツァルトの妻コンスタンツェは「悪妻」として名高く、彼女についてモーツァルトの伝記作者たちはさんざん悪口を書いてきた。彼女はすでに結婚前に他の男といちゃついてモーツァルトを怒らせているし（一七八二年四月二十九日の彼女への手紙で「色男にふくらはぎを測らせたとぬけぬけと自分の前でいったからあんなに怒ったんだ」と書いている）、浪費家だったともいわれ、モーツァルト晩年には夫をほったらかしにして、頻繁に金のかかる湯治旅行へ出かけたりしている。

ただしモーツァルトの死後に再婚してからのコンスタンツェは、しっかりものの妻として振る舞っていたようであり、本当に「悪妻」だったのかは誰にもわからない。モーツァルトが子どもっぽすぎたせいかもしれないし、モーツァルトのほうが女にだらしなかった（たしかに晩年にはそういう噂があった）から、それへの当てつけもあったかもしれない。ともかく確かなのは、一途に愛を歌いあげた新婚当初の『後宮からの逃走』とダ・ポンテ三部作とでは、あまりにも描かれる愛の在り方が違うということだ。

美のサディズム

ダ・ポンテ三部作のある意味で異様な特徴は、劇中において不実の残酷さが際立てば際立つほど、音楽がどんどん美しくなるという傾向である。私の知る限り、こういう種類の音楽を書いたのはオペラ史でただ一人モーツァルトだけであって、作曲家としての彼の尋常ならざる性向として、強く注意を促したい。

たとえば右に挙げた『フィガロの結婚』のスザンナのアリア。ここでモーツァルトは、まるで空中にかすかに甘い香りが漂ってくるような感覚を音にした。美しいどころの話ではない。キルケゴールはモーツァルトについて「エロスが直接語りかける」という表現を使ったが、このスザンナのアリアもこうした例の一つである。しからばどんな劇状況にモーツァルトは、この罪作りなまでに艶やかな音楽を書いたかといえば、すでに述べたように、これは結婚式を挙げたばかりの花嫁が夫以外の男（伯爵）を誘惑する場面なのである。もちろんお芝居ではあるにせよ、このアリアの甘さはあまりに真に迫っている。音楽が美しくとろけるようになればなるほど、お芝居だとも知らず物陰でかたずを呑んでいる夫のフィガロにとって残酷きわまりない状況ができてしまう。絶望している彼をなおいたぶるように、スザンナのメロディーはますます無垢に輝く。

『ドン・ジョヴァンニ』にも美が冷酷と結びつく場面がある。二幕の冒頭である。主人公は昔誘惑して捨てたエルヴィーラという女にしつこく結婚を迫られている。彼はげんなりして逃げ回っているのだが、他方で彼女のおつきの女中にはご執心である。この女中を口説くには、同じ宿に逗留しているエルヴィーラを追い払わねばならない。ドン・

ジョヴァンニは突拍子もない計画を思いつく。まずは召使レポレロに自分の服を着させて、エルヴィーラがいる宿の窓辺で大仰に悔悟のセレナーデを歌わせる。ただし召使がやるのは口パク演技で、実際の声は物陰からドン・ジョヴァンニ本人が歌う。「どうか俺の不実を許してくれ、俺にはやっぱりおまえしかいない、もう一回よりを戻そう、下まで降りてきてくれ」と主人が物陰から歌い、召使がエルヴィーラの前で口パク演技をやるのである。もちろん全部がお芝居である。しかしそれを真に受けてドン・ジョヴァンニが悔い改めてくれたと思ったエルヴィーラは、階下まで降りてきて、偽のドン・ジョヴァンニ（本当は主人の恰好をした召使レポレロ）と手を取り合って姿を消す。邪魔者は追い払ったとばかり、ドン・ジョヴァンニはお目当ての女中にセレナーデを歌って口説きにかかる……。

文章にするといかにもややこしく見えるが、実際に舞台で見ると錯綜した筋は一目瞭然、必ずといっていいほど劇場中の観客が爆笑する場面である。全然似合っていない貴族の服を着て口パク演技する召使。それを真に受け、「なんて悪い人……」といいながらも動揺するエルヴィーラ。物陰で笑い転げるドン・ジョヴァンニ。知らぬはエルヴィーラばかり。これはほとんど「どっきりカメラ」のシチュエーションだ。しかし――これが何より重要なのだが――エルヴィーラを笑いものにするお芝居がエスカレートすればするほど、音楽はますますとろけるような美しさを増し、その美がエルヴィーラの真心を切り裂く。『フィガロの結婚』の先の例とまったく同じ劇状況である。

同様の例は『コシ・ファン・トゥッテ』でさらに増える。既述のようにこのオペラは、女性たちが永遠の貞操を守るかどうか男たちが賭けをして、結局大コケに終わる話である。「すべての女は（そして男も）こういうことをする＝コシ・ファン・トゥッテ」と明らかになる。笑えない喜劇だ。

まず序曲。短い序奏が終わってアップテンポの主部に入ってすぐ。オーボエとフルートがかわるがわるに転げまわるような愉快なメロディーを吹く。このメロディーはクラリネットやファゴットに継がれ、弦楽器でも変奏され、序曲の間ずっと鳴り続けている。しかしじつはこのモチーフは『フィガロの結婚』からの引用だ。それもスザンナが結婚式の当日だというのに部屋に美少年ケルビーノを連れ込んでいるのを見て、意地悪な音楽教師ドン・バジリオが「美人というのはみんなこういうことをするものでございます」と歌う箇所のメロディーなのだ。つまり序曲からもうすでに全オーケストラが、「女も男もみんなこういうことをするぞ〜（誰も永遠の貞操を守ったりしないぞ〜）」とばかり、芝居の結末を囃し立てているわけである。ただし件のモチーフの引用元を知らなければ、この序曲はただの素晴らしく流麗なセレナーデ風の音楽にしか聞こえないだろう。知らぬが仏。澄ました顔をして恐ろしく底意地の悪い音楽だ……。

無邪気に愛を信じる者への意地悪はまだまだ続く。幕が開いてほどなく。永遠の貞操があるかないか侃々諤々の議論をしていた男二人と哲学者アルフォンソは、ついに賭けをすることにする。男たちは「勝負はもらった」とばかり早速大はしゃぎ。勝った暁には掛け金で何をするか相談し始める。素晴らしいセレナーデを捧げようというフェランドに対して、グリエルモが「じゃあ僕は素晴らしい夕食会を開こう！」と歌うところで、ヴァイオリンにまたしても序曲の例のモチーフが出てくる。愉快に囃し立てるようにして「コシ・ファン・トゥッテ！　いまに泣きを見るぞ〜」とからかうのである。だがこれまた引用元を知らなければ、それは煌めくようなフレーズにしか聞こえない。パロディー的デフォルメは、そこにはない。

さらにあと一箇所、貞操をめぐる勝負がついてから。つまり姉妹のどちらも、別人に変装した相手がじつは姉の／妹の彼氏だとも気づかず、あっけなく陥落してしまってから。賭けに勝った哲学者アルフォンソの提案で、「いっそ相手を交換したまま結婚式をやっちゃえ！」ということになる。偽の結婚式が始まる。ここでも知らぬは姉妹ばかり。例のごとくのどっきりカメラ的シチュエーションだ。本来の恋人のことなどすっかり忘れ果て、新しい恋人（再三になるが、本来それは妹の彼であり、姉の彼だ）との結婚に浮き浮きしている姉妹たち。そこに彼女らを祝福する結婚パーティーの音楽が聞こえてくる。モーツァルトの十八番（おはこ）であるところの、シャンデリアが煌めくようなセレナーデ風の音楽だ。そしてここでもまた、音楽が無垢に輝けば輝くほど、何も知らぬ姉妹が滑稽に見えてくる。やがて彼女らがかわいそうでいたたまれなくなる。一切パロディー的デフォルメを用いずして、ただひたすら美しいことを通して、音楽は彼女らを優雅にコケにする……。

モーツァルトの喜劇は痛々しい

モーツァルトはパロディー的なデフォルメをしない――これはとても重要な点である。もちろんモーツァルト・オペラにもそういう箇所はあるが、すくなくとも右に挙げた例にデフォルメはない。音楽はただひたすら美しい。ふつうオペラ作曲家は、滑稽な場面を描くとき、カリカチュアの定型を使うものだ。極端に広い音程とか、コミカルな音型とか、奇妙な音色とか不協和音を使って、当該の人物を戯画にするのである。それをもって「ここは冗談だよ～」とか「こいつは笑っていいよ～」という観客へのサインとする。ユダヤ人をカリカチュア化したとされるワーグナーの『ニュルンベルクの名歌手』のベックメッサーは、その典型だ。

右に挙げた場面にしても、やり方次第では、いくらでもカリカチュア風に出来ただろう。笑いを誘うコミカルな音型を入れておけば、もっと毒のないお約束事的な喜劇になっただろう。しかしモーツァルトはそれをしない。状況はこのうえなく滑稽なのに、彼は本気の音楽を書く。スザンナはお芝居ということも忘れ、本気で伯爵に抱かれてもいいと思っているかのように、甘いメロディーを歌う。エルヴィーラはドン・ジョヴァンニにふたたび言い寄られ（じつはお芝居なわけだが）、本気で心乱れている。『コシ・ファン・トゥッテ』の偽結婚式は、姉妹たちの有頂天を一点の曇りもなく描く。彼らはみんな大真面目だ。

漫才などを見ればわかるよう、コメディアンというものは「自分は笑われる役だ」ということを意識しながら演技する。笑われていくら、である。本人が承知で受けを狙ってバカをするわけだから、観客も安心して大笑いできる。デフォルメされた演技は、「もっと笑っていいよ〜」というサインだ。客は相手を傷つけるかもしれないなどと気を遣わずに笑える。たとえばロッシーニの喜劇オペラは、こうした罪のない心地よい笑いの連続である（日本でいえば狂言がそれだ）。

しかるにモーツァルトの右の登場人物たちは、自分が笑われているなどと夢にも思っていない。彼らはマジである。これは痛々しい。約束事の笑いを通り越している。かと思えばスザンナやドン・ジョヴァンニのように、お芝居がお芝居とは思えないくらい真に迫っていることもある。それが喜劇を笑えない喜劇にする。

真善美をあざ笑う

ふつう人が音楽のネタになるなどと想像もしない感情や状況を、モーツァルトは音楽にする。「ふつう人が音楽のネタと考える感情」とは、まずは喜怒哀楽だろう。ポピュラー音楽なら（ハードロックは別として）「怒」は抜きで、「喜哀楽」に限定されているといっていいかもしれない。クラシック・レパートリーだともうすこし感情の幅は広く、絶望、祈り、不安、メランコリー、狂気といったものも加わる。しかし「どっきりカメラ的状況」とか「知らぬが仏」とか「ぬか喜び」とか「演技がいつの間にか本気になる」といった感覚を、しかもこのように優雅に音楽にしたのは、音楽史のなかでモーツァルトだけだ。笑うに笑えぬ状況のなかで露わになる人間の浅はかさやサディズムやおめでたさ。それを彼は何の衒いもなく抉り出し、優雅に嘲る。

「真善美」という言葉がある。真で善きことは美しい、清くて正しいことは美しいというわけだ。しかしモーツァルトは真善美の正反対の音楽を書いた。なぜなら右で見たような場面はすべてお芝居、つまり「偽」であり、背後には冷笑と悪意が隠れていて、しかし音楽はこのうえなく美しいのだから。モーツァルトの美は残酷である。

第10章　実存の不安と「まあこんなものか……」の希望

芸術家は人間についての科学者だ

「永遠の愛」とか「真善美」といった倫理道徳に対してモーツァルトが時として見せる、ぞっとするような冷笑——もちろんここには彼の個人的な資質も関係していただろう。モーツァルトはいわゆるアンファン・テリブルだった。早熟で、目から鼻へ抜けるように利発で、無邪気に意地悪く、大人の偽善をあっという間に見抜いてしまう若者だったはずだ。ザルツブルク大司教への反発が典型だが、権威主義が背後にちらつく「真面目でごりっぱで重々しい」社会通念に対して、彼はいつも生理的な嫌悪を隠さなかった。

しかしモーツァルトに限らず、そもそも一級の芸術家というものは、世のきれいごとを鵜呑み（うの）にするお人よしではつとまるまい。彼らは例外なく悪魔のリアリズムを自分のなかにもつ。それはすなわち、しばしば冷淡と感じられさえする人間洞察の透徹のことだ。私たち凡人には「見えているのに見えていない」ことがいろいろある。自分が見たくないものに対して無意識に目をふさぐのだ。情に流されるからといってもいいし、真実を直視して自分が傷つくのが怖いこともあろうし、思い込みからそうする場合もあろう。しかし芸術家は直視する。それが凡人をぞっとさせる。

これを「芸術家は冷たい／怖い」などといってはいけない。ある意味で彼らは科学者と同じことをしているだけ。「こうあるべきだ」とか「こうあってほしい」とか「こうであるはずだ」といった希望的観測や思い入れや思い込みを、科学は厳しく禁じる。そういう中途半端な情緒こそが実験結果改ざんの類の温床なのだから。天才的な芸術家たちも同じなのだ。彼らはいわば「人間観察の科学者」であって、真理や法則を「ありのまま提示する」ことに徹する。容赦ないその洞察が、時として周囲に冷酷と見える。まさにこのような意味においてモーツァルトは、天才的な作曲家という以上に、しばしば天才的な「人間観察の科学者」であった。

たとえばオペラ『コシ・ファン・トゥッテ』について考えてみる。あらすじは前章を参照してほしいが、この物語は科学的証明の手続きに正確に従って組み立てられている。まず登場人物たちは「男女の永遠の愛は存在するのか？」という疑問の前に立たされる。

「問い」である。狂言回し役の哲学者ドン・アルフォンソは「そんなものは存在しない」と主張するから、「仮説の設定」といってもいいかもしれない。その次に来るのが「検証」だ。実験してみるのである。「許婚（いいなづけ）との愛は永遠だ」と信じる若い男二人は、変装して互いのパートナーを取り替え、はたして女性たちが陥落する（浮気する）かどうか検証する。実験結果は……「みんなこういうことをする（浮気をする）」と証明される。

すでに述べたよう、『コシ・ファン・トゥッテ』というイタリア語のタイトルは、「すべての女性は（＝男も女もすべて）こういうことをする」の意味である。口先では「永遠の愛」などといっていても、みんな目の前に素敵な異性が現れて愛をささやいたら、あっという間に元の恋人のことなど忘れてしまい、たとえぬか喜びであっても、知らぬが仏で新しい恋に突っ走る、人間とはそういうものだ――このオペラが描くのは男女関係についての「普遍法則」である。モーツァルトはいわば、恋愛関係に悩む患者に慰め言葉をかけたりせず、淡々と診察結果を伝える医者だといってもいい。

「いや、モーツァルトの音楽はそんなに冷たいものじゃない、もっと温かい人間愛にあふれているはずだ！」と反発されるむきもあろう。もちろんその通り。冷たい洞察と人間愛は両立する。そしてまさにこれがモーツァルトの音楽の一筋縄ではいかないところ、その深さだ。情緒に流された洞察は常に精度が甘い。そして安直な慰め言葉は、窮地にある人にとって、何の役にも立たない。氷のような事実認識だけが、次のステップを示してくれる。絶望を突き詰めることによってしか希望は生まれない。このような意味において、モーツァルトの音楽においては、冷徹と人間愛とが両立しているのである。

明るく前向きの達観

具体例はいくらでもあるが、ここでは一箇所だけ、『コシ・ファン・トゥッテ』の大詰めについて語ろう。その貞操を疑うことがなかった自分の恋人たちがどちらも陥落してしまった事実に直面し、絶望のあまり言葉を失っている男たちは、観念したように二度、「コシ・ファン・トゥッテ（みんなこういうことをする！）」と繰り返す。結婚式が始まる直前の場面なのですぐにわかる。とても印象的な箇所だ。このセリフをモーツァルトがどう作曲したか。

まず最初の「コシ・ファン・トゥッテ」は、二人の若い男にとって「人生の先生役」

ドン・アルフォンソ
フェランド
賭け
グリエルモ
誘惑
ドラベラ
姉妹
フィオルディリージ

ともいうべき哲学者ドン・アルフォンソによって、声を潜めて歌われる。「コ・シ・ファン」までは一音節ずつ区切って、思わせぶりに。そして「トゥーッテ……？」のところでは、ロマンチックで切ないハーモニーが加わる。とても哀愁を帯びた歌いまわしだ。意訳すれば、「私のいった通りになっただろう？ わかったかい、みんなこんなことをするんだよ……」といったかんじか。

そして次。アルフォンソに促されるように男二人も唱和して、二度目の「コシ・ファン・トゥッテ！」になる。一度目とは対照的に、そしてまるで観念したかのように、この二度目の「コシ・ファン・トゥッテ」は元気に歌われる。「めげることはない、世の中こんなもの、これでいいのさ！ 人生楽しいじゃないか！」とでもなるだろうか。かつて大歌手テオ・アダム（哲学者ドン・アルフォンソ役）がこの箇所で、音楽のリズムに合わせ、右手にもった杖で客席を順々に指していたのを思い出す。「コ！ シ！ ファン！ トゥ！ ッテ!!――君たちだってそうだよ、他人事じゃないんだよ！」とでもいうように。

この短い二度の「コシ・ファン・トゥッテ」は、私にとって全モーツァルト作品中でももっとも感動的な箇所の一つだ。目を見開いて真実を見つめ、その果てに絶望が訪れ、しかし「まあそんなものなのかなあ……」と思った瞬間、自分のなかで何かが弾ける。絶望がふいに希望に転じる。時に冷淡で意地悪いモーツァルトの人間観察の透徹が、オペラの最後の最後になって、突如として明るく前向きで愛にあふれた達観へ一変する。かくして男三人が退場すると、きらめくような幸福なセレナーデが響いてきて、盛大な結婚式の祝宴の準備が始まる。皆こういうことをする、自分だってするかもしれない、そう思えば寛大になれる！——観察の冷酷は究極の寛容に転じる。

ふつう「達観」とは後ろ向きの感情と思われがちだ。しかしモーツァルトは前向きに達観する。達観した途端に目の前に希望が開ける。これは彼独特の感覚である。考えてみれば人が不幸になるとき、それは何か一つのことに固執するせいであることが多い。そして固執をやめることでもって、じつはほかにもいくらでも可能性があることに気づくことができる。この絶望からの急転直下が、モーツァルト作品の基本構図の一つであることについては、次章でもう一度述べよう。

ちなみにひょっとすると「台本を書いたのはダ・ポンテであって、モーツァルトは彼が書いた戯曲に音楽をつけただけでは？」と異論をはさみたくなる向きがあるかもしれないので、一言つけ足しておきたい。私見によればモーツァルトは、たんに出来合いの台本に音楽をつけただけではない。たとえば右の「コシ・ファン・トゥッテ」のセリフにしても、それにどんな抑揚をつけ、どんなハーモニーをつけるかでもって、ドラマの意味はまるで変わってくる。作曲家こそが脚本を最終的なドラマへと仕上げるのだ。

二流の作曲家ならいかにもやりそうだが、セリフに二回とも能天気に明るい音楽をつけたりしたら、このドラマの深みは生まれない。あるいは、必ずひどい目にあうヘタレ・コメディアン役よろしく、二回ともめげた調子で音楽にしたとしても（関西弁でいえば「ワテ、浮気されましてん……」といって自分の頭を叩く（たた）イメージだ）、やはりドラマは深くならない。同じセリフが作曲家の腕次第で不滅の傑作にもB級コメディーにもなるのだ。

考えてみてほしい。もしあなたが作曲家だとして、「みんなこうする（コシ・ファン・トゥッテ）」のセリフが二回書いてあるだけの台本を手渡されて、それをまさかこんな風に作曲しようなどという発想が出てくるだろうか？　作曲家こそオペラの最終的な作者だ。そしてモーツァルトはその意味で、まったく天才的な劇作家だった。「シェークスピアにも比肩する」といっても誇張にはなるまい。

啓蒙主義の時代の男女関係

ところで『コシ・ファン・トゥッテ』には、「恋人たちの学校」という面白い副題がついている。端的にいえば「結婚する前に男女が学ぶべきこと」といったニュアンスだろう。ふざけたネーミングではあるが絶妙だ。「みんなこういうことをすると結婚前に学習しなさい、そうすれば結婚してから何かあっても腹も立たないでしょ?」というわけだ。

ここで私はふたたび思い出す。モーツァルトが十八世紀後半の啓蒙(けいもう)思想の時代の申し子だったということを。何事も学校で勉強しましょう、思い込みはよくない、人がそういっているからといって鵜呑みにしてはいけない、客観的な事実認識と知識によって自分の頭で検証しなさい、そうすることで心の広い大人になりなさい――これこそ十八世紀の偉大な哲学者たち、たとえばルソーやカントやペスタロッチが夢見た、人間の新しい生き方ではなかっただろうか？　そもそも「学校教育」という発想自体が、啓蒙主義が生み出したものである。従来は貴族の子弟だけが家庭教師によるすぐれた教育を受けられた（平民は修道院などで学をつける可能性があるだけだった）。学校教育によって全国民を一律に啓蒙するという発想は、近代のものなのだ。

何せ『コシ・ファン・トゥッテ』は恋人交換（スワッピング）の話であるし、つい私たちは「そんなふざけたテーマが高尚な哲学思想と関係あるはずがない」と思い込みがちだ。しかしそんな風に「哲学＝真面目」／「恋人交換＝不真面目」といった薄っぺらな二分法に凝り固まっていては、啓蒙主義の潮流と『コシ・ファン・トゥッテ』の明らかなパラレルが見えなくなってしまう。啓蒙思想とはまさに「蒙昧を解く」思想であって、「永遠の愛がある」という蒙昧を脱する『コシ・ファン・トゥッテ』の物語もまた、典型的な啓蒙思想として理解されねばならない。

封建的な身分社会が激しく揺らぎつつあったこの時代、多くの人びとが人と人の新しい結びつきの可能性に思索を巡らせていた。「人と人の結びつきの新しいかたち」とは、「新しい社会」の意に他ならない。身分制という枠が壊れたとき、人はいかにしてなお共にあることが可能か？　──こうした問題を考えるときの思考実験の重要なモデルの一つとなったのが、男と女の関係性である。つまり「恋」であり「結婚」だ。男しかいないところ、女しかいないところに、人間の集団は生まれない。世代の更新はあり得ない。社会が生まれるためには最低限、一人の男と一人の女が存在していなければならないのだから。

モーツァルトだけでなく、ルソーにしろディドロにしろゲーテにしろ、彼らのドラマや小説では本当にしばしば、男女の契約の問題が焦点になる。決して色恋沙汰そのものへの下世話な関心からではない。それはむしろ社会思想史の文脈で捉えられるべき主題だ。身分制度の桎梏から自由に、心と心の結びつきによって惹かれあう男と女。しかし「心」とは永続するものなのか。もし「心」が気まぐれな、理性で制御のしようのないものであるとするなら、いかにして男と女を「結婚」という形で持続的に結びつけ合うことが可能なのか。

たとえばゲーテの初期の芝居『シュテラ』（一七七五年）。これはとんでもなく際どいドラマで、主人公の男性は妻を深く愛してはいるのだけれど、別の女性にもどうしようもなく惹かれ、にっちもさっちもいかなくなる。しかも妻とこの女性とは互いに非常に信頼しあっている友人同士である。そして最後は、夫の状況を見るに見かねた妻が、二人の女性で一人の男性（夫）を共有することにしましょうと提案するという奇想天外なオチになる。妻いわく「ベッドもお墓も三人で一緒に入りましょう」。このようにゲーテは、一人の異性をずっと愛し続けるということの不可能事を読者につきつけ、そして複数の関係を同時に取り持つことのなかに、男と女のユートピアを垣間見る。

「男と女の一対一の永遠の結びつき」という公序良俗の壊乱を文学のなかで徹底的に推し進めたのが、モーツァルトの同時代人であるサドでありラクロだ。サドは男と女の関係を純然たる性の欲望の無数の組み合わせに還元してしまう。また一七八二年に書かれたラクロの『危険な関係』は、恋愛遊戯がいつの間にか本気になっていくことで生じる悲劇のカタストロフだといっていいだろう。何度も映画化された小説だ。恋の虚と実がいつの間にか反転して、男と女の関係の深淵（しんえん）が、ざっくりと深くえぐれた傷口のように観る者をおののかせる。この感覚はモーツァルトの『コシ・ファン・トゥッテ』とそっくりである。

十九世紀に入ってからの作品だが（一八〇九年）、ゲーテの長篇小説『親和力』もカップル交換の話だ。主役は『コシ・ファン・トゥッテ』と同じ二組の男女。貴族の夫婦と、夫エードゥアルトの友人と、妻シャルロッテの若い姪の四人が、ひょんなことで一つ屋根の下で暮らし始める。夫婦はそれなりに仲睦まじいのだが、やがて夫は妻の姪に、妻は夫の友人に、それぞれ強く惹かれ始める。ラクロの登場人物と違って、ゲーテ作品の主人公たちは皆真面目であり、決して婚外の関係をもつには至らない。しかしここには、ラクロよりもさらに陰惨な結末が待っている。

ある日この夫婦は一夜を共にする。ただし彼らがその最中に激しく焦がれるのは、パートナー（夫／妻）ではなく、そこにはいない彼らの意中の人（つまり夫にとっては妻の姪、妻にとっては夫の友人）だ。この結果として妻が妊娠し出産した子どもは、何と夫婦のどちらにもまったく似ていない。この赤ん坊は、行為の最中に夫婦がそれぞれ想いを馳せていた男女の子どもとしか思えないような顔をしているのである。間もなくこの子は妻の姪の手違いで湖に溺れて死んでしまい、後を追うように姪が、そして夫が、衰弱しながら死んでいく。こうして二人は同じ墓に葬られ、そこで初めて一つに結ばれることになる……。

恋愛結婚は近代のイデオロギー？

これまで取り上げた「教育パパ」とか「天才」とか「コンサート」とか「核家族」といった現象もそうだったが、「恋愛結婚」もまたモーツァルトが生きた時代に急速に形を成してきた考え方である。それは歴史的に見て意外と新しいのだ。

前近代において結婚は、貴族にとっては「家と家の縁組」であり、平民（農民など）にとっては「労働力の確保」だった。日本でも戦前、結婚式当日になって初めて相手の顔を見たなどという話がよく聞かれたが、封建的な結婚にとって当人同士の「気持ち」などどうでもよかった。王侯貴族なら縁組によって領土を広げる。たとえばハプスブルク家はほとんど戦争をせず、婚姻関係だけで広大な領土を作り上げていった（幼いころ宮中でモーツァルトが一緒に遊んだともいわれるマリー・アントワネットも、オーストリアからフランスへお輿入れした）。そして職人や農民の場合なら、お嫁さんが来てくれることで働き手が増え、ゆくゆくは子どもができることで労働力の再生産が可能になる。

しかしながら、封建的な身分制度や家制度が崩れ始めると、結婚関係を維持する別の社会装置が必要になる。「家」に代わって「個人」が社会行動の単位になり、結婚も「家と家」ではなく「個人と個人」の契約になる。家＝お父さんなどではなく、当人同士の自由意志が問題となるのだ。すると従来的な制度にとっては、いろいろとまずいことが起き始める。思いがけないところに「家」を越境した恋愛関係が生じるようになるのである。シェークスピアの『ロミオとジュリエット』はこうした近代的な愛を扱ったきわめて早い例である。

火花は社会の枠組みなどにおかまいなく、どこの誰と誰の間に発火するかわからない。十八世紀後半に一世を風靡した小説として、ゲーテの『若きウェルテルの悩み』（一七七四年）がある。すでに婚約者のいる女性（もちろんこれは愛ある婚約ではない）に恋した主人公が、社会的因習のゆえに思いがかなわず、結局ピストル自殺する話だ。今流にいえば一種のストーカーの物語じゃないかと私などは思うのだが、とにかくこの小説は当時異様なブームとなり、真似をしてピストル自殺する若者が後を絶たなかったといわれる。またルソーの長編小説『新エロイーズ』（一七六一年）も貴族令嬢とその家庭教師との身分違いの恋の物語で、これまた悲劇で終わる。

このように十八世紀後半になると、「愛」を過剰なまでに神聖化する傾向が生まれてくる。もちろんそれはいい。それは素晴らしい。しかし愛の刹那をどう社会制度のなかに持続的な婚姻関係として組み入れるか？ これは大問題だ。かくして、「死がお互いを分かつまで」男女をくっつけておくための、いわばイデオロギーとして生まれてきたのが、「愛」である。人はこの世でたった一人の異性と「運命」によって出会い、「愛」によって「永遠」に結ばれるべきだとされるのである。この恋は運命なのだ、神が定めたのだ、命がけなのだ、お父さんが家のために定めた財産結婚の相手などと一緒になりたくない、運命の人と出会って結婚したい！ ――個人の意思と感情を何より尊ぶ民主主義の誕生は、男女関係のありようにも影響を及ぼさずにはいなかった。

モーツァルトの幻滅と希望

かつてモーツァルトもまた、この「恋愛至上主義的な結婚観」の熱烈な信奉者であった。すでに一度引用したが、アロイージア・ウェーバーという歌手の卵に恋をして父親の不興を買ったとき、モーツァルトは純情そのものといった口調で、次のように反論した。「僕は金銭結婚などしたくありません」。「〔貴族と違って〕僕ら貧しい庶民は、愛し愛される妻を選ぶことが出来るし、そうする権利があります」。「僕らに金持ちの奥さんなど必要ありません。僕らの財産は頭のなかにあるのですから、誰もそれを奪うことは出来ません」。モーツァルトが新妻に捧げたオペラ『後宮からの逃走』が、熱烈な愛の賛歌であることも、すでに述べた。

しかしながらモーツァルトにも、実際に結婚生活を送るうち、男女の関係が理想論だけでは語れないことがわかってきたのだろう。何があったのかは永遠の謎だ。しかしいろいろな幻滅があったはずだ。結婚から四年後に書かれた『フィガロの結婚』は、あからさまに男女の結びつきの脆(もろ)さを描く「倦怠期(けんたいき)」のドラマだった。そして次作『ドン・ジョヴァンニ』になると、あらゆる男女関係が容赦なく引き裂かれる。その次にくる『コシ・ファン・トゥッテ』でも、せっかくお互いの操を無邪気に信じている二組のカップルの仲が、ずたぼろにされる。この三つのオペラに、何か破壊衝動じみた猜疑(さいぎ)心を感じるのは、私だけだろうか。

だがモーツァルトはやがて、『コシ・ファン・トゥッテ』の大詰め、件（くだん）の「コシ・ファン・トゥッテ」のセリフにおいて、一つの結論にたどりついたように見える。「こんなものなのかな……」という幻滅と達観こそが希望なのである。

夫婦関係が外的な封建制度によってしっかり保証されていた時代は去り、男女の仲も個人と個人の心に委ねられるようになる。しかし「心」ほどうつろいやすいものはない。渦中にいるとき、愛は当人たちに永遠の実在と見える。だが熱狂はほどなく去り、永遠と見えたものは人を嘲笑う幻影にすぎなかったことが明らかになる――これはそもそも恋愛といわず、近代人の人間関係すべてについていえることではないだろうか。友人関係、親子関係、隣人関係、同僚関係など、すべてそうである。家や身分や共同体や宗教といった枠をなくし、バラバラの個人になってしまった私たち。その実存の不安を真正面から見つめていたのがモーツァルトであった。

第11章　「ところで」の奇跡

予告なき改行

ところでモーツァルトの作曲法にはいくつかの明瞭な、そして必ずしも定石とは言い難い特徴がある。ふつうの作曲家ならまずそうはしない奇手というか、ある種の癖があるのだ。すでに述べたところの、よりによって残酷な劇状況でますます音楽が美しくなっていく箇所とか、シンメトリックなフレーズのプロポーション（たとえば4＋4小節）を無視する傾向もそうだが、ここで触れたいのは「突然の舞台転換」である。「予告なき改行」といってもいいだろう。何の前触れもなく、ある表現領域から正反対のそれへ向けて、いきなり跳び移る。突如として流れを一変させる。にこやかに「ところで……」と微笑んだかと思うと、光と闇の間の目もくらむ深淵を一足飛びで越えてみせる。

この傾向はモーツァルトという人の思考回路を深く規定していたのだと思う。というのも、彼の音楽だけでなく手紙にも、会話の流れの突然の転換が頻繁に出てくるからである。たとえばこれまで何度も触れたところの、母親の死をめぐる父親への一七七八年七月三日の手紙。母親が亡くなった日に書かれたこの文章は、「最愛のお父さん！　とても嫌な、そして悲しいお知らせをしなくてはなりません」と始まる。「お母さんが重篤です。いつものようにお母さんは瀉血をしてもらいました。どうしてもそれが必要でした。その後の具合はとてもよかった。ところが数日後、お母さんは悪寒を訴え、熱っぽいといい出しました。そして下痢と頭痛が起きました」

こうやって陰鬱そのものといった調子で始まった手紙（何度もいうが、母親は重篤どころか、じつは死んでいた）が、次の瞬間に急旋回する。「ところで話題を変えましょう。悲しいことばかり考えるのはやめて、希望を持ちましょう」［傍点筆者］。そして何ごともなかったかのように、愉快そのものといった調子で、自分の交響曲がいかにパリの聴衆に受けたかを父に報告する。「僕はコンセール・スピリチュエルの幕開けのために交響曲を一つ書きました。それは聖体の祝日に演奏されて、満場の喝采を受けました。噂だと『ヨーロッパ通信』にも記事が出たそうです。つまり大受けしたのでした」

何ごともなかったかのようにして、手紙は次のように結ばれる。「僕はとてもうれしくて、演奏が終わるとすぐにパレ・ロワイヤルに行き、おいしいアイスクリームを食べ、願をかけていた祈りを唱え、家へ戻りました。僕はいつも家にいるのがいちばん居心地がいいのです」。だが一方でモーツァルトは、同じ日の深夜に、ザルツブルクの知人（ヨーゼフ・ブリンガーという人物）に宛てて、次のように書いていた。「最良の友よ！　どうか僕とともに悲しんで下さい！　今日は僕の人生でいちばん悲しい日でした。これを僕は夜二時に書いています。是非ともあなたに伝えなくてはならないのですが、僕の母、最愛の母はもういない。神に召されたのです」

これらの手紙の間の調子の落差は、とても同じ人物が同じ日に書いたものとは思えない。父への手紙の陰鬱な出だし。「ところで話題を変えましょう」以後の、モーツァルトの長調のアレグロ楽章を連想せずにはおれない快活な調子。そして友人への手紙のなかでの慟哭（どうこく）。絶望の背景からいきなり生の歓びが浮き上がると思えば、快活が予告もなしに一気に絶望へと転落する。生と死が「ところで」を回転扉にして瞬時に入れ替わる。

こうした「「ところで」の構造」ともいうべきものの最初の例として私が思い浮かべるのは、これまで何度も触れたイ短調のピアノ・ソナタである。パリ滞在期に書かれたと思われる作品である。一楽章の真っ暗な絶望に閉ざされた第一主題がひとくさり終わったかと思うと、いきなり明るい鈴の鳴るような優美な第二主題が現れる。あるいは三楽章では、陰鬱な息遣いのなかから、これまたいきなり長調の明かりが瞬く。

これまたすでに触れた『ポストホルン・セレナーデ』も忘れてはならない。パリからザルツブルクに戻ってからの雌伏の時代のもので、フル編成による七つもの楽章から成る壮大な作品だ。すさまじいエネルギーで爆走する一楽章、これまた力漲る二楽章、優雅なお茶会のBGMといった風情の三楽章と四楽章の後、いきなり前触れもなく陰鬱な五楽章の闇がやってくる。明らかに死を予感させる音楽だ。しかし六楽章でふたたび音楽は楽しげなメヌエットに戻り、そして傲岸なまでの生命力をみなぎらせた七楽章で締めくくられる。五楽章に先立つ楽章、そして後続の楽章との間に、通常の意味での媒介はない。光はいきなり闇に閉ざされ、そして闇はいきなり光と交代する。

モーツァルトは理屈を嘲笑する

こうした「前触れのない改行」ともいうべきものの背後にあるのは、モーツァルト独特の重層的な時間の感覚ではなかったかと思う。単一の時間が前へ進むのではない。生の時間と死の時間――前へ突き進む人間的な時間と死んだように静止したままの時間――が、モーツァルトのなかでは常に重なって流れていた気がするのだ。ふつう私たちは人生のなかで、生の時間しか見ていない。生きるとはそんなものだ。通常の生の営みにおいて死は後景に退き、私たちはその存在すら忘れ果てている。しかし前景の生の時間が何かのはずみで切断されると、コラージュのように切り取られた空白を窓にして、背後を流れている死の時間が垣間見える。そして一定の時間が経つと、この時間の窓には生の時間がふたたび貼りつけられ、ふつうの時間が回復する。――モーツァルトにおける唐突な生と闇の舞台転換は、こう説明するしかない種類のものと思える。

ふつうの作曲家はこのように極端な転換はやらない。鋭利すぎる切断面を作って作品のまとまりが解体してしまうのが怖いからである。だからドラマティックな舞台転換をやってみせるときでも、用意周到に伏線をはっておく。聴き手が「??」と戸惑わないよう、きちんと準備しておく。たとえばベートーヴェンは比類のない「伏線」の巨匠だった。どんなにぎょっとするようなコントラストも、常に前もって用意され、先立つものから論理的に演繹されてくるのである。

ベートーヴェンのこうした例は無数にあるが、ピアノ協奏曲第五番「皇帝」を例にとろう。この作品の主調（第一および第三楽章）は変ホ長調である（フラット三つ）。それに対して二楽章はロ長調（シャープ五つ！）だ。定石としてふつうこんなに遠い調性を二楽章にもってきたりはしない（ちなみにベートーヴェンは、何か遠いところに現れた幻のような感覚をさらに強めるべく、二楽章のロ長調のテーマを弱音器つきのヴァイオリンに弾かせているが、これは当時としてはきわめて斬新な楽器法であり、こうやって沈んだ神秘的な音色が作り出されている）。ところが一見したところ唐突とも見える二楽章でのこのロ長調は、じつは一楽章においてすでに準備されている。シャープが五つもついているので楽譜を見ればすぐにわかるが、目立つ箇所で何度もロ長調の和音が鳴っているのである。

ベートーヴェンの音楽は理屈で説明がしやすい。「これこれの周到な用意があって、そのロジックの上に劇的な展開がやってくる、だからこそベートーヴェンは偉大なのだ」といった筋書きに、音楽をはめ込むことができる。そうやって偉大さを「証明」できる。しかしながらモーツァルトは、論理的な下ごしらえをまずやらない。予め計画しておいて劇的な舞台転換をするのではない。その瞬間になって突然何かが閃いたように、「ところで話題を変えましょう」とばかり、いきなり別の楽想が現れる。それでいて何ごともなかったかのように、軌道を外れることもなく、優雅に音楽は疾走していく。そしてロジックの痕跡が一切残らない。これを論理的な言葉でとらえるのは難しい。モーツァルトの音楽は理屈を嘲笑するのだ。

生と死の予告なき舞台転換

モーツァルトの突然の舞台転換の妙技の端的な例が、オペラ『ドン・ジョヴァンニ』の序曲である。この序奏における激烈な不協和音と転調は、それが十八世紀の作品だとにわかに信じられないほどだ。ほとんど二十世紀の無調音楽は目前といいたくなるくらいである。地鳴りとともに平衡感覚が歪み、聴覚が依って立つ調性の地面が割れて、虚無の深淵が露わになる。いつか私たちが臨終を迎えるとき、死神はこのように姿を現すのだろうか。ところが壮大な短調の序奏が終わり、アップテンポの主部に入った途端、回転扉を通って別世界に迷い込んだようにして、音楽の表情が一変する。軽快で優美な鼻歌のような長調になる。「ところで話題を変えましょう」とばかりに。

モーツァルトは死から生へ、眩暈（めまい）のする深淵を越えて飛び移る。まったく奇跡的な瞬間だ。しかも両者の間に「つなぎがない」というところがミソである。もし序奏と主部の間に、たとえば何か共通のモチーフを使うとか、主部の楽想を序奏で暗示するとか、推移部を作るといった伏線を張っていたとすると、このような飄々（ひょうひょう）とした感覚にはならなかっただろう。「つなぎを拒む」とは「命綱つきのスタントをしない」ということにほかならない。そこにはどこか命がけの綱渡りだけがもっている優雅さがある（妙なたとえかもしれないが、私がいつも連想するのは、映画『ミッション・インポッシブル』のトム・クルーズの優美さだ）。

『ドン・ジョヴァンニ』序曲において、短調の序奏は主人公を地獄へ引きずっていく死を、長調の主部は官能的なドン・ジョヴァンニの生を象徴している。そして主人公は死に思いを馳（は）せることなくひたすら女を渉猟し、対するに死は人の生き方など関係なしに万人に襲い掛かる。序奏と主部の間に何の「つなぎ」も作らなかったモーツァルトの意図は明らかである。彼にとって生と死とは唐突に交代するもの、ある意味で無関係なものだったのだ。生は死のことなど忘れ果てて自らを謳歌（おうか）するし、死は生の饗宴（きょうえん）の只中（ただなか）に唐突に姿を現す。生の時間は死の上にコラージュのように貼りつけられているだけであり、時としてそれが剝がれると永遠の虚無が顔をのぞかせる。

「つなぎ」で媒介しないからこそ露わになる世界の亀裂――『ドン・ジョヴァンニ』のなかにはこんな戦慄の瞬間がいくつもある。二幕も終盤、深夜の墓の傍を通りかかったドン・ジョヴァンニとレポレロは、冗談半分で石像を夕食へ招く。鈴が鳴るような声音でヴァイオリンが優雅なセレナーデ風の音楽を奏でる。ところが石像はまるで生きているかのようにしてうなずく。ドン・ジョヴァンニの招待を受諾する。石像が動くこの瞬間、音楽は突然短調になる。冗談の只中のぞっとする戦慄をこれほど見事に音楽で描いた例はない。しかも音楽はその後、いかにもモーツァルトらしく、何ごともなかったかのように陽気な調子へ戻る。背筋が凍ることがあったとき、人は冗談で恐怖を紛らわせる。「何かの間違いだったんだろう、気のせいだったんだろう」ということにしたがる。

こんな人間心理があますところなく描かれる。

招かれた石像が本当にドン・ジョヴァンニの館にやってくる場面もすさまじい。不気味な足音とともに石像がドン・ジョヴァンニの屋敷に近づいてきて、扉をノックする。召使に様子を見に行かせる主人公。腰を抜かした召使レポレロがろれつの回らない口で報告しようとするところで、音楽はいきなり陽気な調子になる。究極の恐怖でパニックになっている人間というものは、えてして他人からはふざけているようにしか見えないものだ。そして周囲は一向に彼のいうことを本気にしない。この残酷な心理がモーツァルトにはわかっている。やがて業を煮やしたドン・ジョヴァンニが直接出向いて扉を開け、石像が姿を現した瞬間、すさまじい短調の轟音が響いて地獄が口を開ける。

『ドン・ジョヴァンニ』ほど次々に極端な例が出てくることは稀であるにせよ、注意深く聴けばモーツァルトの音楽には、常に予想もしないこんな反転が見つかる。たとえば『ドン・ジョヴァンニ』と同時期に作られた交響曲第三十八番「プラハ」(KV.504)の序奏では、終わりのほうに石像の場面に似た、ぞっとするような渦巻の音型が現れる。ところが主部に入ると、何ごともなかったかのように、オーケストラは優美な第一主題を歌う。交響曲第四十一番「ジュピター」(KV.551)の二楽章では、穏やかな始まりであるにもかかわらず、気づかぬうちに暗雲が垂れ込め、わけもない不安に急き立てられる

ような楽想になってくる。二楽章だけが異様に暗いピアノ協奏曲第二十三番、逆に二楽章だけがとろけるように甘いピアノ協奏曲第二十番も忘れられない。

幸福は突然見いだされる

モーツァルトの義妹ゾフィー・ハイベル――コンスタンツェの妹――は、次のような思い出を書いている。「あの人はいつも機嫌のいい方でした。でも一番機嫌のいいときでもどこか沈んでいて、人の眼をじっと見つめているかと思うと、ふざけた質問だろうがまじめな質問だろうが答えを考えているようにみえるのですが、それでいてまったく別のことをまじまじと考えこんでいるのです」

この回想を読むたび私は、「モーツァルトは二重の時間のなかを生きていたのだ」という思いを強くする。ふつうの人間は単一の時間を生きていて、その流れのなかで悲劇や喜劇が起きる。だからそこには移行がある。つなぎがある。しかしモーツァルトの音楽が前提とするのは、生と死という二つの時間のコラージュ的な交錯だ。いつも二つの時間が流れていて、それらの前景／後景の関係が何かのはずみでいきなり反転するのである。

音楽の気分が予告もなく一変する例の一つに、『幻想曲』（KV. 397）ニ短調がある。一応は一七八二年の作とされているが、一七八六年から一七八七年、つまり『ドン・ジョヴァンニ』と同じころの作品という説もある。調性も『ドン・ジョヴァンニ』と同じニ短調だし、気分も似通っている。とにかく謎めいた作品で、自筆譜はなく、最後の十小節は誰かの補遺といわれている。

この幻想曲はおそらくモーツァルト自身の即興演奏の備忘録のようなものだったのではないかとも思う（最後が未完で終わっていたのもそのせいである可能性は高い）。最初のうちは、実際の即興がたいていそう始まるよう、指慣らしのようにただ分散和音でなぞっているだけである。ソナタ形式のように最初からきちんと主題を提示したりはしない。何かがひらめくまで、「さあ、ここから何が出てくるかな、どんなインスピレーションが落ちてくるかな？」といったかんじで、分散和音をただ繰り返す。そして徐々に気分が熟してくる。

短調の主部が始まる。ようやく主題が出る。「じゃあぼちぼちこれで行くかな」といったところか。だんだん物語が出来てくる。暗い陰鬱な物語だ。死のにおいがするといっても過言ではない。絶対的な孤独の音楽だ。そして長い沈黙が来る。このまま短調で終わるのはいくらなんでも悲しすぎる。「どうしよっかな？」――そして次の瞬間。例の「ところで話題を変えましょう」が来る。「あっ、これだ！」とばかり、いきなり長調に転じるのだ。そして前半の絶望などなかったかのように、音楽はそのまま輝かしく終わる。

ピアニストにとってこの曲はおそらく演奏至難であろう。指の技術は全然難しくない。しかし極端から極端への唐突な感情変化をいかに解釈し、いかに説得力をもって音にするのか。いろいろな大ピアニストの録音を聴き比べてみても、納得がいくものはほとんどない。概してみんな硬い。最初から丁寧に作りこみすぎている。何度も何度も推敲して仕上げ切ったというかんじがする。仕上げすぎるとかえって音楽が不自然になるという好例だ。たしかに演奏には視野の広さ――先の先まで見通しているという安定感――が必要なときもあるだろう。しかし逆に「先のことなんか何にも考えていない」というフリをして弾かねばならない音楽もある。モーツァルトのこの作品は典型だ。そもそもこれは幻想曲であり、モーツァルトの時代にあって幻想曲とは「即興曲」のことだったのだから。

私の知る限り、この謎めいた小品の真価を十二分に引き出しているのは、ウィーンの名ピアニスト、フリードリッヒ・グルダだけである（二種類のライブ映像がある）。何が素晴らしいかといって、それは天衣無縫な「行き当たりばったり感」だ。次々に登場する楽想が、本当にいままさにこの瞬間ひらめいたように瑞々しく響く。フランス語でいう「ノンシャラン」というやつだ。とりわけ最後の長調に転じる瞬間は素晴らしい。闇のなかで黄色い蠟燭がゆらゆら不気味に揺れているような前半の短調が、絶対の沈黙のなかへと消えていく。無限に続くようなフェルマータの静止。そして次の瞬間、いきなり楽しげな長調への横っ飛びがくる。突如として「あ……！」とばかりに長調が閃く。

どう弾くかなど予めまったく計算していないようなグルダの自然体が、ここで生きてくる。それはあたかも、絶望の果てについに行き止まりにぶつかり、その瞬間に急に心が晴れ晴れとしてくるといったかんじだ。とくに一九九五年のライブにおけるこの箇所は、弾くジェスチャーがこれまた素晴らしく音楽にフィットしている。ほんのすこし観客のほうに顔を向け、物思いにふけるように一瞬首をかしげ、ややあってうなずくようにしてから、楽しげな長調を弾き始める。「もう暗いことばかり考えるのはやめようか、ま、生きているだけでもいいのかな……」といわんばかりだ。これこそモーツァルトの手紙にある「ところで話題を変えましょう」そのものである。そして力強い歓びが爆発し、「コレデイイノダ！」とばかりに締めくくる最後のカデンツが来る。

敢えて出たとこ勝負で弾く勇気が必要な箇所が、音楽にはたしかにある。とりわけモーツァルトにあっては、深淵は飄々と何も考えていないかのように跳び越えないといけない。伏線を張ってはいけない。時間の糸を切るのだ。それまでのことは忘れるのである。前章で触れた『コシ・ファン・トゥッテ』のことを思い出してほしい。絶望の果てに「まあいいか……」と思った途端、突如として希望が見えてくる。『幻想曲』でも同じだ。それまで自分がとらわれていたことを脇にどける。忘れる。その瞬間に幸福が輝き始める。あの陰鬱な出だしから最後の歓喜までわずか五分。これは奇跡の音楽である。

第12章　流麗さについて——モーツァルトの作曲レッスンを受ける

モーツァルトのテーマはドミソばっかり？

　モーツァルトの音楽について、「ドミソとシレソだけで出来ている」といった軽口が叩（たた）かれることがある。たしかに当たっている。ドミソの間の音を「ドレミソ」と音階で埋めたり、「ソミド」と順番に変化をつけたりすることはあっても、モーツァルトの曲のテーマはドミソ（とシレソ）だけで出来ているものがほとんどだ。有名なハ長調のソナチネ（KV. 545）、これまた超有名曲の『アイネ・クライネ・ナハトムジーク』（KV. 525）の出だしなど、例は枚挙にいとまがない。本当は彼の音楽は、とりわけつなぎや展開の部分になると、概して恐ろしく複雑なのだが、すくなくとも出だしについては「ドミソだけ」のものが多く、しばしばオルゴールみたいに聞こえるのもそのせいだ。

　しかし「ドミソだけ」を甘く見てはいけない。それだけでも一体どれだけのことが出来るか。順列組み合わせの問題みたいだが、順番を入れ替えればドミソ、ドソミ、ミドソ、ミソド、ソミド、ソドミの可能性が出来る。また音と音の間を音階的に埋めることも出来る。ド↓ミをドレミとする等がそれだ。ドからミに進むにしても、装飾風にドレドレミともドレミレミともドシドレミとやることも出来る。小節の長さについても、ドミソに一小節当てるか、二小節に引き延ばすか、コンパクトに半小節で済ませるか。ド・ド・ミソと反復音を使ってもいい。ここにリズムのバラエティーを加えれば可能性は無限である。「ドミソ」だけで書けるテーマの可能性を網羅し尽くすのはAIでも不可能だろう。しかもここに「どんな楽器を使うか」、「どんな伴奏をつけるか」、「どんなテンポにするか」という問題が加わる……。

ひょっとすると「可能性が無限なら、むしろことは簡単だろう」と考える人がいるかもしれない。組み合わせはいくらでもあるのだし、モーツァルトっぽくするにはとにかくドミソでテーマを作りさえすればいいんだろう、というわけである。ひょっとするとモーツァルトがよく使うリズムを組み合わせて、モーツァルト風メロディーを作るソフトがそのうち出てくるかもしれない（バッハについてはすでにこういうものがある――ロクでもないものだが）。

だが「なんちゃってモーツァルト」ではなく、本気で彼に対抗しよう、つまりその向こうを張るような流麗なメロディーを書こうと思う者は、彼の作品を知れば知るほど絶望的な気分になるはずだ。海辺の砂の数ほどもある「ドミソでメロディーを書く可能性」のなかから、モーツァルトは過たず「そこはそれ以外にはありえない」と誰もが感じる音を拾ってくる。つまり音がことごとく「決まる」。それ以外には絶対にありえないようにして、音楽が流麗に疾走していくのだ。

モーツァルトの名作をいじってみる

子どものころ親に買ってもらった高価なおもちゃをバラバラにして怒られた経験のある人がいるだろう（私もよくそういうことをした）。「バラしても元通りに組み立て直せばバレないから」と分解し始めるのだが、しかしいったんバラしたものはどうやっても絶対に元通りにはならない。子どもは顔面蒼白（そうはく）になる。そして当然親の怒りを買う……。しかし幼いころのこんな経験は、決して無駄にはならない。自分で分解してみて、そしていったんバラすと絶対に元通りにならないことを思い知って初めて、人はそれがいかに精巧に組み立てられていたか、リアルに知る。音楽も同じだ。ここですこしモーツァルトの有名作をおもちゃのように分解してみよう。

例にとるのは『アイネ・クライネ・ナハトムジーク』の出だしである。移動ドでいえばドｰソドｰソドソドミソとなる。これをリズムはそのままにして、あれこれいじってみる。ドｰシドｰレドミドミソとするか？　あるいはドｰミソｰドミソドミソ？　それともドｰソドｰミソミドミソ⁇　どれもヘンだ。いや、それどころかバカみたいである。しかしいじることにより早くも一つのことが明確になる。つまり、右にあれこれ下手くそな模倣をしてみたけれども、そのどれよりモーツァルトの筆の運びはシンプルだということだ。天才だからきっと複雑なことをするだろうなどと思えば正反対、彼は文字通りドミソだけでこのテーマを作っている。レとかシを入れていない。音の運動の軌跡が恐ろしく単純で、私がいじってみせた例のように音の動き方がごちゃついていない……。

軌道のシンプルさ――これは天才的な芸術家たちのなかでも、ごく一握りの人びとだけが持っている技だ。私が考えているのは、ピカソが描いた闘牛のスケッチである。この単純極まりない軌道。何一つ余分なものがなく、「これ以外にありえないでしょ？」

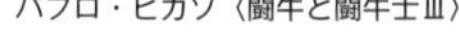
パブロ・ピカソ〈闘牛と闘牛士Ⅲ〉

といわんばかりの、何の迷いもない筆致の流れ。「表現の自然さ」とはこういうことをいう。この感覚はモーツァルトにとても似ている。

たった一つの音が鳴っただけで、その音がどのコースへ進もうとしているか、彼には見えたのではないかと思うことがある。最初の音が弦楽合奏のトゥッティか。それともヴァイオリンだけか。オーケストラのトゥッティか。ピアノの音か。伴奏はついているか。どんな伴奏型か。定石通りのドでの始まりか。もっと柔らかいミの音か。それとも奇手ともいうべきソの宙づり感で始めるのか。その音は勢いをつけて弾かれるか、柔らかく引き延ばされるのか、はたまた残響たっぷりにどっしりと弾くか。テンポはどれくらいか。こうした無数の条件から自ずと「決まって」くる音の軌道が、彼にはきっと瞬時にわかったのだ。

『アイネ・クライネ・ナハトムジーク』の最初の二小節を、顕微鏡で拡大するみたいにしてもう一度聴いてみよう。まず弦楽合奏で「ザン！」と勢いよくドの音が弾かれる。そして八分休符の一瞬の休み。――残響からドの上部倍音が立ちのぼるはずだ。だから最初の「ザン！」は、耳の敏感な人であれば、きっと跳ねるように聞こえるだろう。そして倍音のうち一番よく響くのは五度関係のソ。となれば自ずと次の音の選択は決まる。放り投げられた音が落ちてくる――ソの音に。そして落下の勢いでふたたびドに戻る。「ド・ソド」の出来上がり。まるでトランポリンみたいだ。この「ソド」のバウンドをモーツァルトは畳みかけるようにさらに繰り返して、一気に一番高いソへと跳びあがる。かくして、あたかもそれ以外の軌道などありえないようにして、「ド‐ソド‐ソドソドミソ」という最初のフレーズが出来る。

モーツァルトの筆の流麗さを理解するには、これを「ド‐ソド‐シドソドミド」と変えるだけで十分だ。余計な「シ」が入るせいで音が濁る。倍音という自然の摂理にかなっていない。またせっかく音楽が跳ねようとしているのに、最後の音で「ド」へ引き戻されてしまって、勢いが殺がれる。モーツァルトの凄さは何より、音楽それ自体が持っている勢いを人が邪魔しないことにある。だから文字通りの意味で「自然」なのだ。

モーツァルトはドとソだけで何でも出来た

ドミソといわずドとソだけで一体どれだけのことがモーツァルトに出来たか。『アイネ・クライネ・ナハトムジーク』と同じように「ド - ソド」で始まる曲をいくつかリストアップしよう。まず交響曲第四十一番「ジュピター」の冒頭がある。ただし音型の骨格は『アイネ・クライネ・ナハトムジーク』と同じだが、「ド - ソラシド」という具合に、ソからドまで勢いよく音階上を引き上げられる。理由は明らかだ。『アイネ・クライネ・ナハトムジーク』は小編成の弦楽合奏だから、響きが軽い。よく弾む。ドからソへ落下しただけですぐにバウンドする。それに対して「ジュピター」は大編成の交響曲である。大きな編成のオーケストラの音は重い。トランポリンのように弾力性のある表現では軽すぎる。だからどっしりとしたものを一気に力を入れて引きずり上げるようにすることで、響きの重量感を出すのだ。

オペラ『ドン・ジョヴァンニ』の第一幕（序曲が終わった後）も、これらの例と酷似したモチーフで始まる。「ド・ソ・ド・ソ・ド」――なんだかとぼとぼ歩くみたいな身振りだ。召使が登場する場面である。間抜けに聴こえる単調なリズムが、しょぼくれた召使にいかにもふさわしい。このドの音はイントネーションがなんだかグラグラしている。すぐに下のソへぽとんと落ちてしまいそうになる。だから勢いをつけて引き戻してやる必要がある。音楽に「カツを入れる」みたいにして「ド・ソ・ド・ソ・ド……ソ、ラ、シ、ド！」となる。

最初の一音が鳴っただけであっという間に音楽の軌道が見えただろうモーツァルト。面白いことに、同じドで始まるメロディーであっても、それが柔らかく二分音符で引き延ばされるような場合、モーツァルトは次にソを持ってくることをしない。柔らかい表情をキープするには音程の幅が広すぎるからだろう。聴き手はえてして音楽を聴きながら自分でも密かに唱和するものであり、広い音程が来ると、たとえ声に出して歌ってはいなくとも、聴き手は喉を思わず緊張させる。それを避けたかったからであろう。またソの音だとドと対立して尖がったような印象を与えると思ったからかもしれない。

優しいドで始まるときのモーツァルトはたいがい、ソと比べて響きが柔らかいミへ進む。ピアノ協奏曲第二十七番やハ長調のソナチネの出だしがそうだ。交響曲第四十一番「ジュピター」の終楽章も「ド－ミ－」のヴァリエーションである。ただしこれは凝っている。すぐに直接ミへ進まず、「ド－レ－ファ－ミ－」と迂回路を通るのだ。すこし焦らして、優しく周囲からほぐしていくといった感じだ。ほとんど官能的ともいえるほど優美な表情である。さらに『ドン・ジョヴァンニ』序曲の主部（アップテンポの長調になってから）では、ドの次にド♯を入れて、いっそうこの迂回路の優美が強調される。「ド－ド♯－レファ－ミ……」というわけだ。

モーツァルトは名ジョッキー

音自体が進みたがっている方向について、モーツァルトがどれほど敏感だったか。ハ短調のピアノ・ソナタ（KV.457）とハ長調の弦楽五重奏第三番（KV.515）を比べてみる。長調と短調の違いを除けば両者はそっくりである。ほぼ一緒だといってもいい。ただし一つだけ決定的な違いがある。後者は前者よりさらに一オクターヴ以上高く上昇するのである。ハ短調のソナタは「ドーミ♭ソ・ドミ♭」。それに対してハ長調の弦楽五重奏は「ドーミソ・ドミソド・ミソ」となるのだ。

モーツァルトはおそらく、長調と比べて短調が重いかんじがすることを考慮したのだと思う。実際短調は倍音が濁りやすく、要するに長調より不協和であって、だからこそ昔から悲しみや苦悩や死の表現に使われてきた。それに対して長調は透明で軽いから、同じモチーフであっても短調より楽々と上まで跳躍する表現のほうがふさわしいとモーツァルトは考えたのだろう。ミかミ♭か――こんなちょっとした違いでも、音が欲するコースは違ってくる。モーツァルトはそれを見逃さない。音楽に無理をさせない。

きわめて優れた伴奏ピアニストであり作曲家でもある私の友人が、かつて面白いことをいっていた。二人でカルロス・クライバーの演奏会を聴きに行った時のことだ。流麗で名高かったクライバーの指揮するヨハン・シュトラウスのワルツを聴いた後、彼がいった。「音楽はいったんスタートさせたら、ある程度勝手に自分の力で進んでいくんだよね。いちいち全部の拍を叩(たた)いて常時コントロールしようとしたら、逆に音楽の推進力が殺がれるんだよ。競馬のジョッキーと同じで、演奏者は適当なタイミングと加減で、適当な方向へ向けて、時々ムチを入れるだけでいいんだよ、そうすれば勝手に音楽は流れていくんだから」――これは音楽演奏の極意であるばかりか、モーツァルトの作曲法の秘訣でもあっただろう。

モーツァルトは音自体が進みたがっている方向を邪魔しない――これはとりわけフレーズのプロポーションにはっきりあらわれる。既述のようにモーツァルトの時代、テーマは4＋4小節で書くのが定石だった。ハイドンもベートーヴェンも、こと冒頭テーマについていえば、きわめて律儀にこの約束を守る（つなぎや展開になるともっと自由なプロポーションで曲を作るが）。それに対してモーツァルトでは、『フィガロの結婚』序曲のように、シンメトリックなプロポーションを完全に無視した例が頻繁に見られることは、すでに述べたとおりだ。

『アイネ・クライネ・ナハトムジーク』はどうだろう？　まず最初が2＋2＝4小節。その次、「ド・ド－」とネジを巻くようにして音楽がダッシュするところからも2＋2＝4小節。一見型通りに見える。ふつうならここまで八小節が終わったところで、九小節目からもう一回テーマを繰り返したりするものだ（ハイドンやベートーヴェンならいかにもしそうだ）。ところがモーツァルトの場合、驚くべきことが起こる。八小節目でもまだ音楽は停止せず、勢い余って柵を乗り越えるみたいにして、さらに二小節進むのである。最初から言えば4＋4＋2小節になる。そしてゼンマイが切れたみたいに音楽はここでストップする――やがて休止符の後に、優しげなヴァイオリンの新しいテーマが入ってくる……。

おそらくモーツァルトのこんな型破りなフレージングを「不規則」と呼んではいけないだろう。こちらの頭が規則でがんじがらめになっているから、奔放で自然に流れるものが「不規則」と見えてしまう。そもそも八小節目でいったん音楽の流れにコンマを入れて、規則通りに九小節目からもう一度テーマを始めたりしたら、そちらのほうがよほど杓子（しやくし）定規で不自然だ。

規則ではなく音楽に即して考える限り、モーツァルトがやっていることのほうがはるかに理にかなっている。先に述べたよう、最初の四小節で音楽はトランポリンのようにバウンドを繰り返し、勢いがついた状態で五小節目以後（ド・ドーと反復が来るところ）

に突入する。モーツァルトが大事にするのは、メロディー自体が持っている慣性の法則だ。沸き立つような音楽の流れを、「はい、そこまで！　決まりですからそこで一旦停止して！」などとはやらない。音楽が行きたいところまで行かせる。音楽が自ずとストップするまで走るに任せるのである。

4＋4＝8小節の枠を（すくなくとも冒頭主題においては）まず崩さないハイドンやベートーヴェンの作曲法は、鉄骨フレームによる建築を私に連想させる。まずフレームを使って立方体を作ってから、その間をレンガとかコンクリートで埋めていくのである。対するにモーツァルトの作曲法はフレームを使わない。古代ローマのパンテオンのようなものである。どこにも支えがないのに、積み上げられた石と石の絶妙の重量バランスと隙間と角度調整だけでもって、微動だにせず奇跡のように立っている、そういう建築物である。モーツァルトの音楽のしなやかさは、フレームを使わずバランスだけで建物を設計することから生まれてくる。

誰もこんな風には作曲できない……

ドミソだけでどんなテーマでも作ってしまう発明の才知。最初の音を鳴らした瞬間に一気に軌道が開ける流麗さ。平然とルールを無視しながら、バランス感覚だけで音を組み立てていく完璧な自然さ。そこには格闘の痕跡が一切残らない。モーツァルトの天才の相はまさにここにある。格闘する人は優美ではない。しかし天才はどこまでも優美でなくてはならない。

「ビリヤードしながら作曲していた」とか、「ピアノ協奏曲第二十番の初演のとき終楽章を楽譜なしで弾いた」とか、モーツァルトの優美なる天才ぶりについてのエピソードは事欠かない。ただし近年では、モーツァルトもじつはいろいろとスケッチをしながら作曲していたらしいことがわかっており、あれらの名作が何の試行錯誤もなしに、いきなり溢(あふ)れてきたとは考えないほうがよさそうである。何かアイデアを思いつくと彼は、まず簡単にメモをし、時間のある時にすこしずつそれらを展開させ、その楽想が使えそうな仕事が来ると仕上げるという手順で作曲していたらしいのである。あれらの優美なテーマの数々は、自然に溢れ出したというよりは「見出されたもの」であったというべきなのだろう。だから件(くだん)の『アイネ・クライネ・ナハトムジーク』の出だしも、ひょっとすると最初は「ドｰソドｰシドソドミソ」だったりしたかもしれないのだ。

しかし誰であっても推敲の時間さえあれば、モーツァルトのように「ここしかない」という「決まり手」を見出せるわけではない。何せドミソとシレソだけでテーマを作る可能性は無限なのだ。たとえば「ドｰソド」と曲を始めたとして、それにぴったり合う後続を見出すのは、拾い上げた貝殻と完全に合うもう片方の貝殻を砂浜から探すようなものだ。

一例を挙げよう。ブラームスの晩年の名作として名高いクラリネット五重奏である。同ジャンルのあまりにも有名な先例として、モーツァルトのクラリネット五重奏（KV. 581）がある。これまたブラームス作品と同じく晩年の最高傑作である。クラリネット五重奏の作曲にあたってブラームスが、モーツァルト作品を意識していなかったはずはない。

ブラームス作品の二楽章では（移動ドでいえば）「ソｰミｰレ」の音型が執拗に繰り返される。モーツァルト作品を知っている者なら、いやでもモーツァルトの一楽章冒頭の「ソ・ミ・レ・ド」のテーマが思い出される。モーツァルト研究者として名高いH・

C・ロビンス・ランドンは、ブラームスがわざとこの主題を「ソ－ミ－レ」のところでブロックしていると解釈する。モーツァルトが選んだ以外の四つ目の音の可能性はないものか……ああでもない……こうでもない……——こんな風にして曲が進行するというのである。しかしモーツァルトを凌ぐ四つ目の音は見つからない。この楽章は何か達観したようにして終わる……。

ランドンいわく、「その主題はモーツァルトが書いたようにつながっていくよりほかに手はないのである」。この楽章は「モーツァルトを超えることは出来ない」というブラームスの密かな信仰告白である。

時間の布を切断する

ところでモーツァルトの流麗さについて私がこれだけ強調すると、前章で述べた「唐突な舞台転換」とそれがどう関係するのか、はたしてそれと両立するのか、疑問に思う向きもあるだろう。流麗さとは天女の衣のように継ぎ目がないこと。それに対して舞台転換とは時間という布を切断すること。そしてもちろんモーツァルトにおいてこれらは両立する。図式的にいえばモーツァルトは、曲の大半においては音楽にそれ自体が欲する軌道を自由に滑走させ、ここぞというタイミングで外から介入するのである。アドルノが『幻想曲風に』という著作に収められたエッセイのなかで、次のように書いたときに考えていたのは、きっとこのことだ。

彼によればモーツァルトのピアノ協奏曲第二十三番イ長調（KV. 488）のフィナーレの終結部では、「ペダル音上にトニカとドミナントの間で機械的に変形されていく伴奏音型が展開され、メロディーはただチクタクと一秒ごとに前のものから後のものへと進んでいくだけ」である。この終結部はまるで時計か自動人形のようだとアドルノはいう。たしかにそれはオルゴールのようだ。勝手に動いていく。

アドルノはいう。この楽想は「何と時計によく似ていることか。十七世紀の哲学者たちはかつて、自分たちの世界をそのようなものとして考えたのだ。彼らによると設計者である神は、まずこの時計を作動させ、その後は機械仕掛けを信頼して、自身を時計の動きに委ねたとされる。これはからくり仕掛けであり、仕掛けに無知な観客が外から見た場合、それは時間を知らせているようにみえるのだが、じつは時間を閉じ込めることによって、自ら時間を支配しているのだ」。アドルノがいう十七世紀の哲学者たちとは デカルト、とりわけライプニッツのことであろう。彼らは世界を神の設計した時計のようなものだと考え、一度セットするや何も手を加えずとも、世界というこの時計は自動的かつ完璧に時を刻んでいくとした。いわゆる機械論的ないし予定調和的な世界観である。

ライプニッツ的な「いったん完璧に設計したら、あれこれ手を加えずとも勝手に流れていく」という音楽の典型は、おそらくバッハに見られるであろう。有名な『平均律クラヴィーア曲集』第一巻の冒頭の前奏曲の穏やかな流れなどには、こうした予定調和的な時間の典型が見られる。ここには何の作曲家の作為もない。作曲家は音の流れに介入しない。ただ見守るだけである。彼は完全に自分のエゴを消す。バッハにとって作曲とは、無から有を人間が作り出すことではなく、神が設計した法則を見出して音にしてやることだったのだ。

たしかにモーツァルトの音楽の流麗さのなかにも、同様の予定調和的な世界観の残響を見ることができる。ただしモーツァルトは十七世紀ではなく、十八世紀後半の啓蒙（けいもう）の時代の子であった。彼は客観法則に粛々と身を任せるだけでは物足りなかった。時として自ら音の流れに介入したくなった。砕いていえば、何か余計な一筆をそこに加え、自然の流れに揺さぶりを加えたくなる人だった。

アドルノはモーツァルトのこの性向を見逃さない。件の楽想は合計三回現れるのだが（一回目は176小節〜、二回目は412小節〜、三回目は481小節〜）、しかし三回目、つまり曲が終わる寸前に出てくるとき、音楽が軽く揺さぶられる。アドルノいわく、「それはまるで半分忘れかけていた仕事を思い出した親方が時計のなかに手を突っ込み、自分がかけた呪縛をそれから取り外すかのようである」。それまで音楽を流れるに任せうたた寝していた親方（神といっても作曲家といってもいい）は、急に目を覚まし、「おっとっと……うっかり忘れるところだった、そろそろ曲を閉じなくっちゃ」とばかり、流れを攪拌（かくはん）して慌ただしく終わりへ持っていくというのである。

モーツァルトは音が欲する軌道に従うだけでは時として満足できなくなる。ピアノ協奏曲第二十三番のフィナーレのように、時間の軌道に揺さぶりをかけて急ぎ足で幕引きをする。あるいは「ところで話題を変えましょう」とばかり、陰鬱な時を刻む時計を喜ばしいそれに取り替える。しかし逆に、喜ばしい時間を突如として死の時間に取り替えることもある。モーツァルトは時間の魔術師である。

第13章　晴れた日のメランコリー

晩年のモーツァルトはほとんど曲を書いていない？

ところでモーツァルトは晩年の数年間、ほとんど曲を書いていないなどというと、人は驚くだろうか。ところがこれは事実である。一七八五年あたりを境に彼の創作が円熟期を迎え、一七八六年の『フィガロの結婚』と一七八七年（父が亡くなった年）の『ドン・ジョヴァンニ』が力の頂点であったことについては、すでに述べた。ところが、いわゆる三大交響曲が書かれた一七八八年の夏ごろから、急に作品の数が減り始める。

フリーメーソンの仲間で、裕福な商人であった友人ミハエル・プフベルクに宛てて、有名な二十通以上もの金の無心の手紙が送られ始めるのも、この年からだ。たとえば同年六月といわれる手紙には次のようにある。「最愛の同志よ！　あなたの真の友情と兄弟愛にすがって、厚かましくもあなたの絶大な御好意をお願いします。あなたには、まだ八ドゥカーテンを借りています。いまのところ、それをお返しすることができない状態にあるのに加えて、さらに、あなたを深く信頼するあまり、ほんの来週まで百フローリンを融通して助けてくださるよう、あえてお願いする次第です」

モーツァルトの収入はすでに一七八六年ごろから落ち込み始めていたといわれるが、一七八八年はウィーンに来て最低の年収しかなく、一七八九年にはさらに減る。この年の二月から六月にはほとんど作品を書いておらず、挽回(ばんかい)を狙ってベルリンに旅行するものの、はかばかしい成果はなく、ニ長調の弦楽四重奏「プロシャ王第一番」(KV.575)、ピアノ・ソナタ変ロ長調(KV.570)とニ長調(KV.576)、デュポール変奏曲(KV.573)、クラリネット五重奏(KV.581)、オペラ『コシ・ファン・トゥッテ』を書いたくらい。一七九〇年になると作品はないに等しく、弦楽四重奏「プロシャ王第二番」と「同第三番」(KV.589 および KV.590)、弦楽五重奏ニ長調(KV.593)、自動オルガンのための『アダージョとアレグロ』(KV.594)程度。とにもかくにもオペラを書いていた前年に対して、分量的にさらに減っている。生涯に六百以上の曲を書いた人が、これだけしか作曲していないのだ。

モーツァルトが生きていた時代、「未来に残すべく作品を書く」という発想は、まだなかった。作曲家は注文があるから作曲をするのであって、「金銭のためではなく純粋な芸術表現だけを目的として、たとえ注文がなくとも作品を創る」といった発想は、十八世紀までの作曲家には想像もつかないことだっただろう。そもそも十八世紀にあっては、過去の作品を演奏するという習慣がほとんどなく、演奏されるのは特定のＴＰＯのために注文があった同時代の曲だけであり、そしてそれらも時間が経てばお蔵入りになるのが当たり前だった。だからこの時期のモーツァルトが曲をほとんど書いていないということは、注文自体がほとんどなかったということなのであろう。

とはいえ、最近の研究によれば晩年もモーツァルトは借金こそあれそれなりの生活をしていたらしく、それにオスマン・トルコとの戦争が一七八八年二月に始まって、モーツァルトが亡くなる一七九一年まで続いたから、そもそも世の中は音楽どころではなかったであろうし（モーツァルトに何かと好意的だった皇帝ヨーゼフ二世も、戦争のさなかの一七九〇年に病死した）、モーツァルトだけが特別に不遇をかこっていたと考えすぎないほうがよさそうである。そしてこれまた最近の研究によると、モーツァルト最後の年である一七九一年になるとふたたびどんどん仕事が来る見込みが立ち始め、モーツァルト自身もやる気満々になっていたところに、同年十二月の死が訪れたということらしい。実際一七九一年にはふたたび作品数が増え始めている。

晴れた青空の諦念

ことの真相は永遠の謎であろうが、モーツァルトが晩年の数年間、ほとんど注文がない時期があったということは、後世にとっては幸いであった。時間があったからこそ一曲一曲をたっぷり推敲(すいこう)できたはずだから。モーツァルトほどの人が仕上げに磨きをかけるのだ。晩年の彼の作品が珠玉の名作ぞろいであることは当然だろう。

しかもそれだけではなく、作品数が激減する一七八九年あたりから、彼の音楽にはそれまでになかった独特のトーンが加わり始める。それは「晴れた青空の諦念」ともいうべきもので、たとえばクラリネット五重奏の出だしなどが典型である。音楽のなかから自我のようなものが消え、穏やかで澄み切っているのだが、どこか悲しげなのである。壮年期までのモーツァルトの音楽にしばしば見られた気位の高さ――たとえば優雅な嘲りや無邪気な傲岸――が、もうここにはない。晩年の彼には、俗世の営みのすべてがもはやどうでもよく、しかし限りなく愛しいものと思えるようになっていたのだろうか。

こうしたモーツァルトの晩年様式としては、上述のクラリネット五重奏やクラリネット協奏曲の他に、ピアノ協奏曲第二十七番（KV. 595）が有名である。彼の最後のピアノ協奏曲だ。卓越した鍵盤奏者でもあったモーツァルトにとって、ピアノ協奏曲が自分を最大限にアピールするためのジャンルであったことは、すでに述べた。そして二十五番までの協奏曲は、彼がウィーンでひっぱりだこだった時期に書かれている。しかし一七八六年に二十三番から二十五番を書いて以後、モーツァルトは亡くなるまでの五年間、わずか二曲しかピアノ協奏曲を完成していない。それが一七八八年の二十六番（いわゆる「戴冠式」KV. 537）、そして一七九一年の二十七番である。自分を一番アピールできるジャンルの作品が、五年間にわずか二曲である。おそらく演奏機会も注文もなかったということだろうが、それに加えひょっとすると、モーツァルト自身が「自分をアピールする」ということに興味をなくしてしまったのではないかとも思う。

二十七番の一楽章については、すでに一七八八年に書かれていて、したがって「最晩年」の曲とはいえないという説もある。だがいずれにしても、作品目録にモーツァルトがこれを書き入れたのは死の年の一月だ。そして誰でもわかるこの曲のもっとも大きな特徴は、「弾くのが易しい」ということである。二十五番までと比べて、すでに二十六番の協奏曲がかなり技術的に平易になっていた。そして二十七番はそれと比べてもさらにシンプルなのである。才能のある十歳くらいの子どもなら十分に弾ける程度、といえばいいだろうか。

この協奏曲の始まりは、じつに不思議な音楽だ。短い弦楽器のざわめく序奏が憧れをかきたてる。そしてヴァイオリンが奏でるメロディー。秋の空のように澄み切って幸せそうに晴れ渡っている。しかしなぜかこれを聴いていると切なくなる。どんな人間でも抱えている自意識のようなものを完璧に消し去ったピュアさが、人を哀しくさせる。動物の澄んだ目を見て、時として人が哀しくなるのと同じだといえばいいか。一筆の音の連なりを聴いただけで、そのあまりにも純粋な簡潔に聴いている側は胸がいっぱいになり、「もうそれ以上何かをいう必要はない、もうそれで十分だ、十分わかる……」と相手の言葉を遮りたくなる、そういう簡潔さだ。ピアノ協奏曲第二十七番においてモーツァルトは、もはやそれ以上に音を削ることは不可能な「表現のリミット」に近づいていた。

すでに一度引用したが、コンスタンツェの妹ゾフィーによると、モーツァルトはいつも機嫌のいい人であったが、しかし一番機嫌のいいときでも、何か沈んでいるようだったという。そして人の眼をじっと見つめているかと思うと、ふざけた質問だろうが真面目な質問だろうが答えを考えているように見えるのだが、じつはまったく別のことを考え込んでいるようでもあった、と。ゾフィーいわく、「朝、お手洗いに立ったときでも、部屋のなかをしばらく歩き回り、じっとしていることはありません。両方の踵(かかと)を打ち合わせたりしていますが、そういうときも常に考えごとをしているのです」。こういうときのモーツァルトは、まさにピアノ協奏曲第二十七番の出だしのような目をしていたのではなかろうか。人生についての記憶ももうおぼろげになり、ひだまりで静かに微笑む老人の目を、私は考える。

悲しみでも幸せでもない謎の言語

しかしながらモーツァルトは、晩年といわずすでに壮年期から、こうした晴朗なメランコリーの表現が得意であった。これをモーツァルト研究の碩学(せきがく)ランドンは「彼特有の、悲しみでもなければ幸せでもないという謎の言語」と呼んだ。

たとえば『フィガロの結婚』第二幕冒頭の伯爵夫人のアリア。ここで夫人は、夫がかつてほど自分を愛していない寂しさを歌う。しかしここで大事なのは、別に夫人は「悲しみ」を歌っているわけではないという点だ。彼女はそれほど不幸であるわけではない。伯爵夫妻はそれなりに仲睦まじい。伯爵夫人がここで吐露するのは、喜怒哀楽のどれかのカテゴリーに明快に分類できるような感情ではなく、「とくにうれしいわけではない、手持ち無沙汰で、どこか空虚で、でも悲しいわけでもない、日常のなかにぽっかりあいた一人の時間」とでも形容すべき、淡いメランコリーである。

創作時期をさらにさかのぼって、木管のためのセレナーデ第十一番 変ホ長調(KV. 375)の冒頭を聴いてみる。結婚したころに書かれたと思われる作品だ。ここで表現されている感情の質を敢えて言葉にするなら、「幸せなのだが、すこし退屈で、何となく切ないような気持ちになることもあるけれど、それでもそれなりに幸せ……」とでもなるだろうか。これまた伯爵夫人の第二幕のアリアと同じように、日常のなかでふとわけもなく寂しくなる、そんな瞬間の表現である。

晩年のモーツァルトの境地を示唆するものとして、一七九一年七月七日の妻に宛てた手紙の一節がしばしば引用される。「ぼくの気持ちをうまく説明することができない。それは一種の空虚感で——それがぼくを苦しめるのだが——、ある種の憧れというか、けっして満たされず、だから無くなることがなく——ずっと続いていて、日に日につのるのだ」。すでに若いころからモーツァルトは、もちろん晩年に比べればまだ軽いものであっただろうが、時としてこういうメランコリーを覚えることがあったに違いない。

こうしたモーツァルトのメランコリー表現がもっとも頻繁に見られるのは、長調の晴朗でゆったりと歌うタイプの楽想においてである。晩年の最高傑作の一つであるクラリネット協奏曲（KV.622）の二楽章などがそれだ。だが憂愁とは無縁と思える快活な楽想においても、時としてこの淡いメランコリーのヴェールはかかる。うれし気な表情のなかにもどこか諦念がある。ピアノ協奏曲第二十七番の終楽章は典型であろう。

モーツァルトのピアノ協奏曲の終楽章は一般に、明るく跳ねまわるような楽想で華やかに締めくくられるのが常で、この最後の協奏曲においてもそれは変わらない。しかしこのフィナーレには、曲が終わって「ブラボー」などと大声で叫ぶことをためらわせる何かがある。理由の一つは、曲のつくりの切なくなるほどの簡潔さだろう。たとえばテーマの始まりにしても「ド・ミソ・ドソー」――これだけ。協奏曲につきものの「どうだ！」と見せつけるようなポーズ、少々乱暴に扱われてもびくともしない頑丈さのようなものが、ここにはまったくない。とても快活な表情をたたえてはいるのだが、うかつに触れると瞬く間に崩れ落ちてしまいそうなのだ。

この終楽章のテーマが、同じくモーツァルト晩年の大傑作であるリート『春への憧れ』（KV. 596）とそっくりであることは、よく知られている。これだけ似ているということは、ただの「空似」ではあるまい。モーツァルトは何か同じような感情を両曲に込めようとしていたと考えるのが自然だと思う。『春への憧れ』の歌詞の第一節は次のようなものだ。「早く来て、愛しい五月よ、そして木々をまた緑にして！　小川の岸に小さなすみれを咲かせて！　またすみれを見たいんだ、ねえ、五月よ、また散歩に出かけたいんだ」――すこし甘えるような舌足らずな口調で、切ない憧れが歌われる。

ピアノ協奏曲第二十七番のフィナーレでも同じような夢が託されていたと考えるべき

だろう。モーツァルトが『春への憧れ』とピアノ協奏曲第二十七番を自分の作品目録に書き込んだ（ということは両作品がほぼ同時に完成したということだろう）のは一七九一年の一月。同年の十二月に亡くなるモーツァルトにとって、この年の春が人生最後の春となった。

春は巡る

この協奏曲の終楽章はロンド形式によっている。そもそもモーツァルトの時代の協奏曲や交響曲やソナタのフィナーレはロンド形式で書かれるのが常だったのだが、ロンドとは「ＡＢＡＣＡＤＡ……」という具合に、間にさまざまなエピソード（ＢやＣやＤ）を挟みながら、テーマ（Ａ）が何度もぐるぐる戻ってくる形式である。「堂々巡りの形式」と理解してもいいだろう。楽想はほとんど常に楽しげで、「輪舞曲」と呼ばれることからもわかるよう、ぐるぐると回るダンスのイメージで作られることが多い。だからこの形式はハッピーエンドに向いている。もしもピアノ協奏曲第二十七番のフィナーレが、やがてくる春を待ち望むものだったとすると、ロンド以上にふさわしい形式はなか

A
A
RONDO
A
A
A
A
SONATA

っただろう。必ず春は巡ってくるのだから。そしてロンド形式でこそないが、有節歌曲である『春への憧れ』でも当然ながら、テーマが何度も何度も戻ってくる。

十八世紀後半から十九世紀にかけてのもっとも重要な器楽の形式として、いわゆるソナタ形式がある。これもまた「主題が戻ってくる形式」である。交響曲や協奏曲や弦楽四重奏やピアノ・ソナタなど、ありとあらゆるジャンルの第一楽章が、この形式で書かれた。ロンド形式がフィナーレ向きだとすると、ソナタ形式は開始楽章向きなのである。そして同じ「戻ってくる形式」といっても、ソナタ形式とロンド形式とでは「戻って来方」がまるで違う。

わかりやすくいえば、ソナタ形式とは冒険物語的な形式である。メインの主題というものを「主人公」にたとえるなら、この主題が提示部で紹介され、そしてもう一つの主題も登場し（いわゆる第二主題である）、展開部でのいろいろな出来事を経て、そして再現部で戻ってくるのである。イメージとしては「主人公が冒険を経て、一回り大きくなって故郷に戻ってくる遍歴の物語」だろうか。それは成長の物語なのだ。

対するにロンド形式に「成長」はあまり似合わない。それはむしろ堂々巡りの形式であって、メリーゴーランドみたいにいつも同じところに戻ってくる。そしてピアノ協奏曲第二十七番の終楽章とリート『春への憧れ』のどちらも、「テーマがぐるぐる戻ってくる形式」によっている――これは偶然ではないと思う。もちろん当時は、協奏曲のフィナーレはロンド形式で書くのが習慣だったし、リートも「歌詞一番、歌詞二番……」と繰り返されるいわゆる有節形式が当たり前だったのだから、そこに特別な意味はないといってしまえばそうかもしれない。しかしことこの両曲においては、私はこれを「意味はない」とはいいたくない。春は「戻ってくる」ものなのだから。

エロスという名の希望

ただしモーツァルト晩年の春をあまり枯淡とか諦念とか童心といったもの――もちろんそういうところはあるにせよ――と同一視しすぎると、もう一つの面を見落としてしまうと思う。それは「エロス」である。じつは最後のピアノ協奏曲のフィナーレ主題には、リート『春への憧れ』以外にもう一つ、そっくりの曲が存在する。オペラ『コシ・ファン・トゥッテ』第二幕の妹ドラベラが歌うアリア「恋は小さな蛇」の後半のモチーフである。

すでに述べたように、『コシ・ファン・トゥッテ』は恋人交換のお話である。婚約者以外の男に言い寄られた姉妹。コケットな妹は「遊びならいいかあ……」とばかり、あっさりと陥落する。このアリアで妹ドラベラは、かたくなに貞操を守ろうとする姉に向かって、「あなたの胸にも小さな蛇が住んでるかもよ～」と歌う。「ばれなきゃいいんだから遊んじゃいなよ」といったノリである。そして彼女が「もしもあなたの胸に恋という蛇が居座っていたら、そいつのしたいようにさせてやることよ、私そうするつもりだから」と歌うところのモチーフが、ピアノ協奏曲第二十七番フィナーレのテーマの五・六小節目とそっくりなのである！　そしてついでにいえば、このフィナーレはオペラ『コシ・ファン・トゥッテ』の一幕で女中デスピーナが歌うアリア「女も十五になると」にも、とても気分がよく似ている。コケットな女中が姉妹に向かって、「お堅いことといってないで、二人ともどんどん遊んじゃったらいいかがですか？」とたきつける場面だ。

モーツァルトにとっての「待ちわびる春」とは、ただ清らかで愛しく美しいものではなく、とても官能的な恋の季節でもあったのではないか。最後の協奏曲のフィナーレでモーツァルトが「そわそわする蠢動（しゅんどう）の季節の気分」といったものに浸されていたことは間違いないと思う。思わず考える。晩年の淡いメランコリーのなかでモーツァルトは、若き日のベーズレちゃんとのアヴァンチュールを思い出さなかっただろうか、と。羽目を外した下半身ネタ満載の手紙をモーツァルトが書き送ったベーズレちゃん。動物と同じように無邪気に戯れあっただろうベーズレちゃん。人間も動物も生まれて恋して、そして死ぬ。それでもいつかふたたび恋の季節は巡ってくる——晩年のモーツァルトにとっての「希望」とは、こんな回帰思想だったのではないか。

第14章　モーツァルトは神を信じていたか？

死は人間の最上の友？

モーツァルトの晩年を理解するうえで、彼の死生観は決定的な意味を持っている。はたして彼は神を信じていたのだろうか？　――信じていなかったと、私は思う。すくなくともあの世があったり、神に救われたり、そうしたことをモーツァルトが信じていたとは到底思えないのだ。その最大の理由は、彼の音楽のなかから「神の存在を信じることで得られる心の平安」を、すくなくとも私は、まったく見いだせないことにある。

書簡等からモーツァルトの死生観をうかがうことのできるドキュメントとしては、死の床にあった父への有名な手紙が真っ先に挙げられるだろう。一七八七年四月四日の父に宛てた最後の手紙だ。父が重篤だと知人から聞いて（ということは親子がそれほど疎遠になっていたということだろう）書かれた、謎めいた書簡である。レオポルトは五月二十八日に死去することになるが、死を間近にした父に宛てて、モーツァルトは次のようにいう。

「死は私たちの人生の最終的な目標ですから、僕はこの数年、この人間の真実にして最上の友とすっかりなじんでしまいました。その結果、死の姿はいつのまにかすこしも恐ろしくなくなったどころか、大いに心を鎮め、慰めてくれるものとなりました！」

すくなくとも今日のわれわれにとって、死が近い人に向かってこういうことを書く感覚は、にわかに理解しがたいところがある。それとも当時の一般的な死生観、あるいはフリーメーソン思想の文脈では、わたしたちがそう感じるほどショッキングな文面ではなかったのだろうか。だがすくなくとも私がこれを読んで感じるのは、ぞっとするようなニヒリズムだ。続けてモーツァルトは書く。

「死こそ僕らの本当の幸福の鍵だと教えてくれたことを（意味はおわかりですね）神に感謝しています」

一応「神に感謝」という言葉は出てくる。しかし救いへの感謝といった意味ではないことは明らかであろう。このくだりはむしろ「誰しもいずれ死ぬと観念してしまえば死は怖くない、神が救ってくれるかどうかは知らないが、すくなくともこのことを教えてくれたことについては感謝する」という意味に、私には読める（ちなみに「意味はおわかりですね」というカッコ内については、フリーメーソンの教義と関係があるとする解釈が一般的なようだ）。

さらにモーツァルトは続ける。

「僕は（まだ若いですが）ひょっとしたら明日はもうこの世にはいないかもしれないと考えずに眠ることはありません。——でも僕を知っている人は誰も、付き合っていて僕が不機嫌だとか悲しそうだとか思わないでしょう」

ここでモーツァルトは、カントらの同時代人である哲学者モーゼス・メンデルスゾーン——作曲家メンデルスゾーンの祖父だ——の『フェードン　あるいは魂の不死性について』（一七六七年）という著作を話題にしているのだが、そしてメンデルスゾーンは神の存在を証明しようとした哲学者として知られるが、ここには一言も「神がおられるから」とか「魂は救われるのだから」といったことは書かれていない。死のことばかり考え続け、いまでは慣れてしまった、いずれにしても死はすべての人に訪れるのだから、もうその厳粛な事実を心安らかに受け入れるしかあるまい、心の安息はこの達観によって訪れる――彼が書いていることはそれだけなのである。

モーツァルトは宗教音楽と相性が悪かった？

そもそもモーツァルトは、たとえばミサの傑作を多く残した同時代のハイドンと比べて、あまり宗教音楽に熱心ではなかったという印象がある。彼のミサの大半はザルツブルク時代のものであって、ウィーンに出てきてからは未完のハ短調の大きなミサ（KV. 427）、おそらくニ短調の『キリエ』（KV. 341）、そして絶筆となった『レクイエム』（KV. 626）くらいしか、まともに宗教曲は書いていないのだ。もちろんこれには外的な理由もあっただろう。大司教の牙城であるザルツブルクが当然ながら宗教音楽に非常に熱心だったのに対して、ウィーンでは啓蒙君主ヨーゼフ二世が仰々しい宗教典礼をやめさせるようにしたこともあって、そもそもミサ曲の依頼自体がなかったとも考えられるのである。

どれだけ芸術家としての強烈なプライドを持っていたとしても、モーツァルトはまだ「注文が来たものだけを作曲する」という職人的なシステムのなかで仕事をしていた人だったから、後のロマン派の芸術家たちのように、ギャラの当てなどなくとも自分が表現したいものを創作するというようなことは夢にも考えなかっただろう。だから単純に注文がなかったから、ウィーンで宗教音楽は書かなかったと考えていいのだろう。だがウィーンに出てきてからまとまった規模の宗教音楽がわずか三曲、しかもハ短調のミサと『レクイエム』は未完成、ニ短調の『キリエ』も断章的な性格が強いとあっては、私は何かそこに宿命的なもの——端的にいえばモーツァルトと「神」との相性の悪さ——を感じずにはおれない。

モーツァルトが神と相性が悪かった⁉　——「まさか！　彼の最後の作品は『レクイエム』じゃないか！」と、人はいうかもしれない。しかし『レクイエム』を書いたからといって、彼が死後世界を信じていた根拠にはなるまい。周知のように『レクイエム』については、数々のミステリアスな逸話が伝えられている。いわくモーツァルトの前に見知らぬ男が現れ、彼は匿名の依頼主からのレクイエムの作曲を依頼し、高額な報酬の一部を前払いして帰っていった、モーツァルトは男を死の使いだと信じ込み、自分自身のレクイエムとしてこの曲を作った等々（この言い伝えの出どころは、モーツァルトの未亡人コンスタンツェと再婚したゲオルク・ニコラウス・ニッセンの著したモーツァルト伝である）。

いまではこの「男」というのは、ヴァルゼック伯爵というアマチュア音楽家の使者であり、伯爵には有名作曲家に匿名で作品を作らせては、それを自分の名前で発表するという趣味があったということがわかっている。若くして亡くなった自分の妻のために、伯爵はモーツァルトにレクイエムを作らせたのだ。だがこれらのエピソードは、モーツァルトの死への恐怖を伝えはしても、彼が神の救いを信じていたかどうかについては、何も教えてくれない。

レクイエムとはミサ曲の一種である。ミサにはＴＰＯに応じてさまざまな典礼儀式が定められていて、死者追悼のためのミサをレクイエムというのである。あらゆる教会儀礼がそうであるよう、レクイエムにも厳格に定められたテクストがあり、作曲する場合もちろんそれらを用いる。そしてレクイエムの構成は三部仕立てと考えるのがわかりやすい。

まず導入の部分があって（「われらを憐(あわ)れみたまえ」と歌われるキリエまで）、次に最後の審判の恐ろしい描写と救いの希求を内容とする二部が来る。有名な「怒りの日」は作曲家にとって二部の見せ場の一つだ。そして涙に暮れて神の加護を願うラクリモーサで二部が閉じられた後、祝福を暗示する穏やかな余韻ともいうべき三部が来る。サンクトゥスやベネディクトゥス、そしてフォーレのレクイエムの素晴らしい締めくくりとなった「楽園で」（モーツァルトはここの歌詞には作曲していない）などが、三部の重要なテクストだ。

周知のように、モーツァルトの『レクイエム』は未完に終わったわけだが、生前の彼が完全に仕上げていたのは冒頭のイントロイトゥス（入場の部分）だけである。作品はモーツァルトによって骨子はほぼ完成されていて、書かれていない部分は誰がやっても同じになるような箇所ばかりだったと、妻コンスタンツェはいったとされる。しかし正直にいえば私は、全き意味でこの『レクイエム』を「モーツァルト作品」と呼ぶには、あまりにも補遺の部分が多すぎるのではないかという印象をぬぐえない。完成作品におけるモーツァルトの筆は常に、いかなる細部においても他の追随を許さぬ霊感に満ちていて、まさにそうした細部があってこそ、そこには他ならぬモーツァルトの刻印が記されたのだとすると、「未完の細部は誰が書いても同じようなところばかりだった」などといわれても、にわかに同意できないのだ。

いずれにせよモーツァルトは、未完の部分をいろいろ残しつつ二部の終わり、ラクリモーサ（涙の日）の八小節目まで筆を進めたところで亡くなった。偶然とはいえ、レクイエムにおいて救いが見えてくる三部を目前にして、モーツァルトは世を去ったのである。よくよく彼は「神の救い」と縁がなかったと考えてしまう。そういえばウィーンに出てきた直後に書かれたと思われるハ短調のミサもまた、神を信じることを誓う「クレド」の部分が未完であった。

宗教音楽は決まりごとが多い

モーツァルトがひょっとしたら見出したかもしれない「心の平安」の例が宗教音楽にあるとすれば、真っ先に来る例は『アヴェ・ヴェルム・コルプス』（KV.618）だろう。これまた亡くなる年に書かれたもので、最晩年の大傑作の一つだ。穏やかで天上的な美しさをたたえた小品で、人びとの原罪を背負って十字架にかけられたキリストを称える内容だ。ただし私は、厳密な意味でこの作品を宗教音楽と考えていいのだろうかと思う。

モーツァルトの晩年、妻のコンスタンツェはしょっちゅう、夫を放り出して金のかかる湯治に出かけていた（これも彼女が「悪妻」とされる理由の一つである）。そして『アヴェ・ヴェルム・コルプス』は、教会などからの依頼ではなくて、自分の代わりに妻の湯治に付き添ってバーデンまで行ってくれた友人に、感謝を込めて捧げられた曲なのである。つまりキリストの磔といった内容は、宗教曲の形式を借りて、「私の代わりに大変なことをしてくれてありがとう」と伝える友情のメッセージと考えたほうがいいのではないかと思うのだ。

宗教音楽をまだたくさん書いていたザルツブルク時代、モーツァルトのミサ曲はとても世俗的なものだった。たとえば名作『戴冠式ミサ』では、冒頭のキリエ（「神よ哀れみたまえ」という意味である）からして、神様の目を盗んでペロッと舌を出して見せるような身振りが現れる。また全編にわたって、とても宗教音楽とは思えない楽しげな気分に満たされている。このミサ曲の楽想はいくらでもピアノ協奏曲やセレナーデに転用できただろう。短調のパッセージが現れても、すぐに浮き立つようなメロディーに取って代わられる。もちろん後年の『レクイエム』のような死の恐怖は、ここにはまだまったくない。むしろ逆に、宗教音楽というにはあまりにも楽しそうである。しかし死の恐怖にしても、それは神を信じられないからこそなのであって、結局のところ『レクイエム』の戦慄もザルツブルク時代のミサの華やかさも同じコインの裏表ではあるまいか。

ミサ曲は宗教儀礼の一部なのだから当然といえば当然だが、当時の教会音楽とは決まりごとだらけのジャンルであった。教会の考えに沿って前例を踏襲することが重要であり、カトリックの公会議でいろいろな取り決めがなされることすらあった。また荘厳さを演出するために、古めかしいバロック風の音楽語法が多用された。コロラトゥーラのパッセージや重々しい符点リズムやフーガなどがそれである。こうした形式ばった性格は、モーツァルト晩年の『レクイエム』にすら、はっきりうかがうことが出来る。たとえばレックス・トレメンデ（恐るべき御稜威(みいつ)の王）の重たげな符点リズムは、あからさまにヘンデル風であるし、ラクリモーサにおける切れ切れに休止符をはさんで木管がため息をつく音型は、バロック時代には嘆きの表現の定型であった。

モーツァルトのような奔放な天才にとって、教会音楽はさぞやりにくかっただろうと思う。たとえば謎めいた『キリエ』ニ短調。成立経緯はよくわかっていないらしく、ウィーンに出てくる直前の作だとも、『ドン・ジョヴァンニ』前後だともいわれる。きわめて峻厳な内容と規模の大きさから考えて、私は後者をとりたい。調性も『ドン・ジョヴァンニ』と同じニ短調だし、『ドン・ジョヴァンニ』の地獄落ちの場面と同じく、聴く者を戦慄させるような峻厳（しゅんげん）な響きが続く名作だ。おそらくミサの一部として構想されたのではあるまいか。

しかし音楽語法的に見ると『キリエ』は、『ドン・ジョヴァンニ』と比べて、明らかに保守的である。後者における世界が崩落するような半音階のねじれは、ここには出てこない。すこし意地悪くいえば、アヴァンギャルドな技法を抜きにした『ドン・ジョヴァンニ』の地獄落ちみたいなのである。あくまで安定した調性の枠のなかで表現はなされる。これが教会音楽の限界というものだったのだろう。『ドン・ジョヴァンニ』のような激越な表現は、それがオペラという世俗音楽だったからこそ可能になった自由なのであって、教会音楽であれをやったらあっという間に上演禁止になっただろう。

モーツァルトの死生観はむしろ、教会音楽の外でこそ十全な表現を見出したのではないかとよく思う。私が考えているのは『フリーメーソンのための葬送行進曲』（KV. 477）である。こうした作品でこそ、「バロック風に、古風に、いかめしく」といった因習にどうしてもとらわれる通常のミサなどよりはるかに自由に、「死」についての想念を吐露することができただろうと思うのだ。

周知のようにモーツァルトは、フリーメーソンという秘密結社のメンバーだった。これは十八世紀後半にヨーロッパで広まった地下団体であり、真実と善行と友愛を信奉し、また同時代の啓蒙主義思想とも深く結びついていたことが知られる。ただしフリーメーソンは通常の意味での宗教ではなく、彼らが崇拝したのは神ではなく理性の光であり、また反カソリックであるがゆえにしばしば国家と教会からは弾圧された（この事実からしてすでに、モーツァルトがカソリック信仰に対して懐疑的だったと考える十分な根拠になろう）。そして『フリーメーソンのための葬送行進曲』は、モーツァルトが入団して間もないころ、亡くなったメンバーのために書かれた作品である。

これはぞっとするような虚無の音楽である。出だしからして、木管の断片的なフレー

フリーメーソンの儀式。右端に座っているのがモーツァルトといわれている

ズが沈黙で何度も何度も断ち切られ、消えかけているロウソクのようにゆらめく。そして弦楽器の深い慟哭（どうこく）。何度か曲調は長調に傾きかけるが、完全に明るくはならない。そして厳しく暗い葬送が続いた後、消えゆく最後の和音になって、不意打ちのように長調になり、静かに曲は閉じられる。この終わりは強烈な印象を与える。暗闇に閉ざされたそれまでの経緯からして、まさか最後の最後で長調が来ると人は思わないだろう。しかも「消えゆくような長調」とはとても逆説的だ。ふつう短調が長調に転じるとは、闇から光へ転じる希望の象徴のはずで、自然と音量が大きくなるのがむしろ自

然だ。しかしここでは逆に、長調が弱音であることによって、またたく希望の心もとなさが印象づけられるのだ。それはまるで、疑わし気に、しかし一縷(いちる)の望みを託して、「ひょっとすると救いもあるのかもしれないが……」と呟(つぶや)いているように聞こえる。

近代人と時間の恐怖

ザルツブルク時代のモーツァルトのミサは非常に現世的であり、ほとんど官能的ですらあって、神の前で頭を垂れるといった厳粛さはほとんど見当たらず、しかし壮年期以後の作品ではしばしば死の恐怖としか考えられない虚無の表現が現れるようになり、しかし決してそこに神の救いや心の平安は見いだされない――私の考えをまとめればこんな風になる。現世の逸楽と死への恐れと平安の不在。これらは間違いなく一つのものだ。彼岸を信じないからこそ、彼の音楽は不敬とも思える華麗さと遊び心と官能を漂わせ、しかし神を信じられないからこそ死の虚無を前に恐怖にとらわれ、そして心の平安は永遠に得られないのである。

これはモーツァルトに限らず、そもそも「近代人」というものが宿命的に抱え込んでしまった実存の恐怖といっていいだろう。私は感じる、私は聴く、私は触れる。そのとき私はたしかにここにいる。しかし感じる私の身体がなくなったら、私はどこに行くのか……？　真木悠介『時間の比較社会学』は、古代から近代に至る人間の時間意識の変遷を辿り、近代人の死への不安の根源を時間意識に求めようとした壮大な著作である。これを読めば、モーツァルトもまた死を恐れる典型的な近代人であったことが納得できるであろう。

真木の著作では、古代以来の人間の時間イメージが四つに類型化される。第一の、そしてさまざまな古代文明に共通する時間イメージとは、「交代」である。昼と夜のように二つの時間が絶えず交代反復するのだ。第二のイメージは「円環」であり、これはギリシャ起源とされる。四季などはその典型であろうし、時計が円形であることなどにも、こうした円環としての時間表象を見ることが出来よう。第三の、そしてかなり特異な時間イメージは、ヘブライ起源の「始まりから終わりへ向けて一方向に進む矢」である。いうまでもなくキリスト教（ユダヤ教）の時間がこれだ。神が世界を創り、そのとき時間が始まり、その時間は逆戻りさせることなど出来ず、矢のように世の終わりと最後の審判へ向けて突き進む――こんなイメージである。

第四の近代人の時間表象は、このキリスト教的な「矢のように一方向に進む時間」から生まれてくる。簡単にいえば、時間を創り、また時間に終わりをもたらす神の存在を消したら、始まりも終わりもなく、永遠に一方向へ向けて流れ続ける無限の時間となるのである。ニュートンによる近代物理学が基礎としているのも、この均質な目盛りが入った不可逆の透明な時間だ。これは自然や人間の営みとは無関係に流れていく抽象的な時間であり、「時間を前にあらゆるものがなすすべもなく滅んでいく」といった虚無の感覚も、ここから生まれてくる。

こうした疎外感覚が近代人に固有のものであると考える真木は、時間の不安の最初期のドキュメントとして、カルヴァンやデカルトやモンテーニュやパスカルを引用する。たとえばパスカルの「私は私が存在しなかったかもしれないということを感じる。なぜなら私は私の思考のうちに存するからである」とか、同じくパスカルの「おのれにとってもっとも親愛なるものが間断なく流れ去ることを見て、愕然とする」とか、デカルトの「もし、いわば私が、各瞬間、なんらかの原因によって新たに創造されないとしたら、そのあともなお存在するはずだという結果は生じない」といった言葉。

こうした不安は、モーツァルトが旅行中のフランクフルト（ここで新皇帝の戴冠式があったのだ）より妻に宛てた手紙の一節を連想させずにおかない（一七九〇年九月三十日）。「僕は君に再会できることが子どものようにうれしい。誰かに僕の心のなかをのぞかれたら、僕は恥じ入ってしまいそうだ」と妻に甘えつつ、モーツァルトは続けて書く。「すべてが僕には冷たい――氷のように冷たい。もし君がそばにいてくれたら、みんなの僕へのお愛想の態度を僕ももっと楽しめると思うんだが。でもいまはそんなにも空虚なんだ」。モーツァルトがここで「冷たい」といっているのは、直接的には皇帝の戴冠式に集まった人びとの慇懃（いんぎん）な態度のことなのだが、その背後にはあらゆる存在に対する虚無が感じられないだろうか。

父親が亡くなったころからのモーツァルトの、とりわけ鍵盤楽器の小品には時として、こうした冷え冷えした孤立感が現れる。イ短調の『ロンド』（KV.511）のテーマや自動オルガンのための小品などがそれだ。たとえば前者の出だしの左手は、まるで砂時計のように無情に流れゆく時間を刻む。前章で扱ったピアノ協奏曲第二十七番のフィナーレ

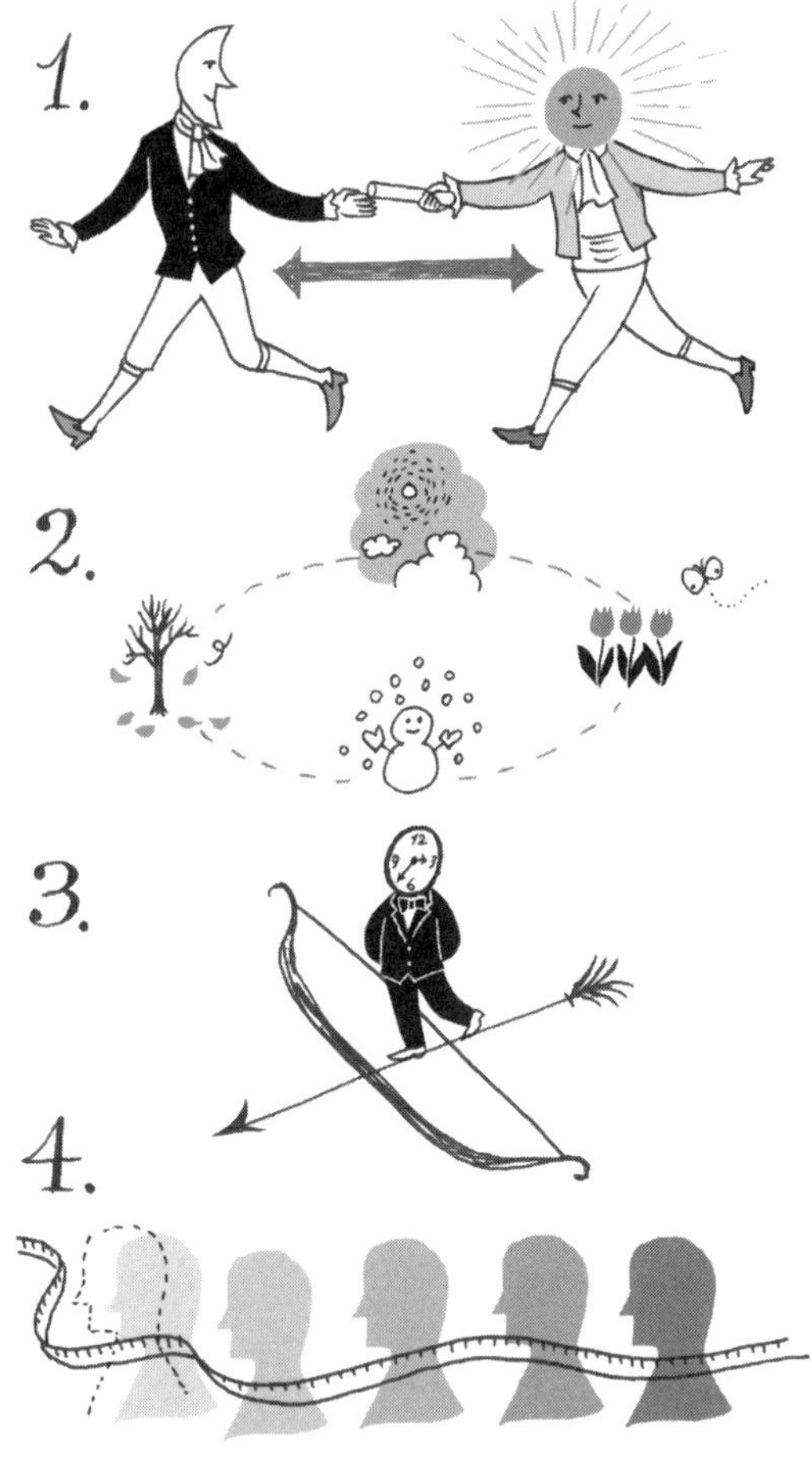
1.
2.
3.
4.

と同じく、この作品もまた題名どおりロンド形式である。短調の凍てつくテーマが、長調の朗らかなエピソードをいろいろはさみながら、何度もＡＢＡＣＡＤＡ……と戻ってくるのである。この作品はモーツァルトの親友が亡くなった直後のものといわれ、死をめぐる彼の想念が背後にあることは間違いなかろう。しからば間に挟まれるさまざまな長調のエピソードは、故人との楽しかっただろう思い出だろうか。

しかしどこまでいっても曲は、いつもふたたび短調のテーマに戻ってきてしまう。そして左手が虚ろな時を刻まれる。同じロンド形式といっても、これはピアノ協奏曲第二十七番のような蘇り（よみがえ）の春のロンドではない。凍てつく虚空のロンドだ。幼少期から万人にほめそやされ、何でも出来て、あらゆる人生の栄華を成人するまでに経験してしまったような人間が感じる、よるべなき実存の不安とは、こういうものなのであろう。

また春はめぐってくるのだろうか？　それともどこまで行っても結局は無情の時の流れに引きずり戻されてしまうのだろうか？　晩年のモーツァルトは希望と絶望のこの二つの極の間を揺れていたように見える。

第15章　幸福な阿呆に神は宿る

オルゴールのメロディー

モーツァルト最晩年のスタイルの特徴として、オルゴールに使いたくなるようなメルヘン的なメロディーが頻繁に現れるということがある。今風にいえば着メロとか駅メロ向きのメロディーといえるかもしれない。蓋を開ければ四小節くらいのメリーゴーランドみたいな旋律が流れてくる、そんなかんじだ。すでに触れたピアノ協奏曲第二十七番のフィナーレの出だし（あるいは歌曲『春への憧れ』）がそうだし、同協奏曲の一楽章、あるいは二楽章のテーマも、容易にオルゴール用に使えるだろう。

「オルゴール風のメロディー」とは、具体的には次のようなものだ。まず音域の幅は狭く、リズムが単純で、強弱の幅もあまりない。ハーモニーも単純である。だからすぐ覚えられるし、すぐ歌える。そしてゆりかごみたいにいつまでも穏やかにたゆたう。童謡風のメロディーだといってもいいだろう。童心に戻ったようなメロディーということだ。

こうした旋律は、気宇壮大な発展を目指す交響曲のテーマの対極にある。交響曲のテーマは長大なスパンを前提としている。それは大人のための音楽であって、大規模な展開のためのスプリングボードなのだ。たとえば交響曲第四十一番「ジュピター」の終楽章のテーマ。数小節耳にしただけで、「一体どんな展開が待っているんだろう?」と聴き手はわくわくしてくる。そしてその後には、予想をさらに上回る壮麗な展開が、これでもかこれでもかとやってくる。ただしこうしたテーマは、出だしだけを取り出して繰り返し聴いても、まったくサマにならない。後の大きな展開の端緒として初めて、テーマは意味を持つ。

これとは逆にオルゴール風メロディーは、それだけをいつまでもためつすがめつ聴きたくなる種類のものである。それはシンフォニーのような大規模な展開——要するに大人の計画性——を想定していない。そこにドラマティックなストーリーは必要ではない。最初の数小節だけで聴き手をあっという間に魅了し、「ほかに何もいらない、これさえあればいい」と思わせなくてはならない。飽きることなく何度でも聴きたいと思ってもらわないといけない。そもそも聴き手に飽きられては、二度とオルゴールの蓋は開けてもらえないのだから。

後に触れるオペラ『魔笛』のパパゲーノのアリア（あるいは二重唱）は、こうしたタイプの旋律の傑作が目白押しだが、ここではまずグラスハーモニカとフルート、オーボエ、ヴィオラ、チェロのための五重奏『アダージョとロンド』（KV.617）を例に挙げよう。『魔笛』と同じく、モーツァルト最後の年の大傑作である。グラスハーモニカは当時とても流行していた楽器で、水で濡らしたガラスを擦る。鈴かワイングラスが鳴るような澄んだ響きは、まさに天上的というほかなく（この楽器のためにモーツァルトは、これ以外にも素晴らしい『アダージョ』［KV.356］を書いている）、本当にオルゴールのような響きがする。

いまではチェレスタで代用されることが多いこの曲は、短調の序奏で始まる。何より素晴らしいのは、この指慣らしのような序奏が終わって主部が始まる、その一瞬である。同じように暗い序奏が明るい主部に転じるニ短調の『幻想曲』――この作品についてはすでに述べた――もそうだが、「ところで話題を変えましょう……」とばかり、まるで卵が割れて陽気な小人が飛び出してきたみたいに、朗らかなロンドのテーマが飛び出してくる。まるでびっくり箱のようだ。

魔法の箱を開けてみる

『アダージョとロンド』という曲名だから当然なのだが、この珠玉の名作もロンド形式である。何度もテーマがぐるぐると戻ってくる。こんな素敵なメロディーが仕込んであるオルゴールなら、きっと一日に何度も蓋を開けてみたくなるだろう。十八世紀というのはさまざまな機械楽器が人気を博した時代で、晩年のモーツァルトも自動オルガンのための曲を書いたりしているのだが、これはおそらく同時代におけるオートマタの大流行と関係していただろう。

オートマタとはからくり人形であり、機械楽器と同じく時計の原理を用いるのだが、高価な玩具として貴族階級の間で大変な人気があった。そしてオートマタに不可欠だったのがオルゴールであって、チェンバロを弾くお人形とか、音楽に合わせてメヌエットを踊る人形などが作られた。幼いころから宮廷に出入りしていたモーツァルトが、こういうものになじんでいなかったはずはない。王女様の前で妙技を披露して、ご褒美にオートマタをプレゼントされたこともあったかもしれない。モーツァルトはオルゴールを連想させるグラスハーモニカの響きを聴いて、踊るお人形さんにぴったり合うようなメロディーを書きたくなったのではないかとも思う。

いうまでもなく、何十分もかかる音楽をオルゴールのために書くわけにはいかない。オルゴールのメロディーは長くて三十秒足らずだろうから。したがって「これから何が起きるのだろう？」と聴き手に思わせるような、シンフォニックな展開用のテーマは向いていないのだ。その代わりオルゴールは、蓋を開けた瞬間、たちどころに聴き手を魔法にかけなければいけない。一瞬で聴き手を金縛りにする。奇跡を起こすのだ。そして魔法の箱から流れ出してくるのは、どれだけ繰り返し聴いても全然褪(あ)せることの

当時、流行したオートマタ（19 世紀、ドイツ）
写真提供：PPS 通信社

ないメロディーだ。それ以外の聴き手の記憶をすべて消去し、このメロディーをずっと聴ければそれだけで幸せだと思わせてしまわなければいけないのである。

グラスハーモニカのための『アダージョとロンド』（ピアノ協奏曲第二十七番のフィナーレもそうだが）はロンド形式だから、「ＡＢＡＣＡＤＡ……」といった具合に、さまざまなエピソードを挟んでテーマＡが繰り返される。だがすくなくとも私にとって、間に挟まれるいろいろな楽想はある意味でどうでもいい。それらは埋め草であって、本当に聴きたいのはＡのテーマだ。エピソードがあれこれ挟まれる間、聴き手はお菓子タイムをお預けにされた子どもみたいに、「早くあれが戻ってこないかなあ……」と待つ。そして何度も何度も同じテーマが戻ってくるのだが、それでも一向に飽きることがない。オルゴールの蓋が決められた時間に開いて、そこから魔法のようなメロディーが流れ出し、それが終わるとふたたび箱は閉じられ、また次に開く時間まで聴き手は首を長くして待つ――これはそんな音楽である。

『魔笛』の奇跡

「魔法のオルゴール」といえば絶対に外せないのが、亡くなる年に作られたオペラ『魔笛』である。一七九一年にモーツァルトは、この『魔笛』の他に『皇帝ティトゥスの慈悲』というオペラを作り、さらに『レクイエム』の作曲も開始していたわけだから、前年および前々年の不作がうそのように、創作量が戻ってきていたことがわかる。この『魔笛』はメルヘンであって、まだ少年の面影を残す王子様が、コミカルな従者と一緒に、とらわれの身になっているお姫様の救出へ向かうおとぎ話風の冒険談だ。そしてモーツァルトはこのオペラで、ほかのどんな登場人物にも増して、間抜けの従者パパゲーノに奇跡のような数々の音楽を書いた。そしてそれらが軒並み、「魔法のオルゴール」的な音楽なのである。

「おいらは鳥刺し」と「女の子が欲しいよお」の二つのアリア、パミーナとの二重唱など、パパゲーノのナンバーは珠玉の名作ぞろいだが、ここではグロッケンシュピールが鳴らされる箇所にとりわけ注目したい。パパゲーノは「夜の女王」から贈られた魔法の鈴をもっているのだが、彼がそれを振るたびに、鈴の音を模したグロッケンシュピールが鳴るのである。

グロッケンシュピールはいまではほとんど忘れられた楽器だが、鉄琴を鍵盤楽器にしたようなもので、カイヨンのような響きがしたのではないかと思われる。いまではグラスハーモニカと同じく、チェレスタで代用されることがほとんどだ。そしてここからも想像されるよう、グラスハーモニカ同様にグロッケンシュピールもオルゴール的な響きと近い楽器であり、『魔笛』のグロッケンシュピールが出てくる箇所にもすべて、上述のグラスハーモニカのための五重奏と同じようなタイプの音楽がついている。

『魔笛』でグロッケンシュピールが使われるのは都合三回。すべてパパゲーノ絡みであり、かつ「奇跡が起きる瞬間」というべき劇状況であることに注目しよう。まず一回目は一幕の大詰め。パパゲーノがとらわれの身になっているお姫様パミーナを救出して、さあ逃げようとするとき、悪者の手下たちにとっつかまってしまう。進退窮まったパパゲーノは、願い事が何でもかなう魔法の鈴をもっていたことを思い出し、ダメもとで鈴を振る。するとあら不思議、悪者の手下たちはすっかり魅了されて、何もかも忘れ、「なんて素敵な響き！　こんなものは見たことも聞いたこともない、ラララ〜ラララ〜」と楽しく歌い踊り始める。このパパゲーノが魔法の鈴を振るところで、澄んだグロッケンシュピールの音が鳴り響く。

二回目は二幕のパパゲーノの有名なアリア「女の子が欲しいよお」である。ガールフレンドが欲しくて仕方のないパパゲーノは、「おいらもガールフレンドかお嫁さんがほしいよお」とひとくさり歌っては、鈴を振る。ここでも鈴が鳴るところでグロッケンシュピールが使われる。そしてパパゲーノが歌い終わると、なんと彼の前に老婆がすわっている。「あんた誰?」と問うパパゲーノに、老婆は「あんたのガールフレンドになる予定の女の子だよ」と答える。まさかと笑い飛ばすパパゲーノ。その瞬間、老婆は若くてかわいらしい女の子に姿を変え、茫然としているパパゲーノをしり目に逃げて行ってしまう。

三つ目の場面は二幕の大詰めだ。自分のポカのせいでやっとみつけた彼女に逃げられたパパゲーノは、絶望して首を吊ろうとする。そのとき魔法の鈴を持っていたことを思い出し、ダメもとで振ってみる。するとまたまた奇跡が起きる。彼の前にふたたび例の女の子パパゲーナが姿を現すのである。そして二人は子だくさんの家庭を夢見る二重唱を歌い始める(まるで卵から孵化するみたいに、次から次へ子どもたちが舞台に飛び出してくるという、メルヘン的な演出がされることもある）。

いかにモーツァルトといえども、この三つの場面を上回る音楽を書いたことは、そう多くはない。そしてそのなかでもグロッケンシュピールのパッセージにはとりわけ、息をのむような音楽がついている。しかもグロッケンシュピールが響く箇所は総じて、いわば着メロ並みの短さなのだ。歌の合間に、合いの手のようにして、一瞬鳴るだけなのである。最初の悪者の手下たちを魔法にかけてしまう場面はトータルで二十秒たらず。グロッケンシュピールは歌の背後で「ドミソ・シレソ」とやっているだけ。二回目のパパゲーノのアリアのときは、一小節ほどの合いの手でドミソとシレソの単純な分散和音をやるだけ（アリアの後半ではもうすこし活躍するが）。そしてパパゲーナが登場する三つ目の場面では五秒にも満たないイントロ。しかしいずれの箇所でも、グロッケンシュピールが響く刹那、奇跡が起きる。それは一瞬で聴く者を魔法にかける。悪人がいい人になって踊りだす。目の前に女の子が現れる。未来の子どもたちが次々に飛び出してくる。

鈴を振り回す子ども

このグロッケンシュピールに関しては、『魔笛』の初演時のモーツァルト自身による、素敵な逸話が知られている。一七九一年十月八日と九日にバーデンに湯治へ行っていた妻に宛てて書かれた手紙の一節だ。

「パパゲーノがグロッケンシュピールでアリアを歌うとき、僕は舞台へ行った。今日は自分であれを鳴らしたくてたまらなくなったんだ。そして僕は、シカネーダーが一度休む箇所で、わざといたずらしてアルペジオを鳴らした。あいつは驚いて、舞台裏をみて、僕をみつけた。二回目の時はわざと鳴らさなかった。するとあいつは固まってしまって、先へ進めなくなった。あいつが困っているのがわかったので、また和音を鳴らしてやった。するとあいつはグロッケンシュピールを振り回して「うるさい！」と怒鳴った。大うけだった。このいたずらのおかげで、彼が自分で楽器を鳴らしているのではないと初めてわかった人も多かっただろう」

すこし説明が必要だろう。シカネーダーとは『魔笛』の台本を書いた人で、初演時にはパパゲーノの役もやった。そしてここで述べられているのは、パパゲーノの二つ目のアリア「女の子が欲しいよお」のことだと思われる。パパゲーノはひとくさり歌っては鈴を振って、またひとくさり歌って、また鈴を振る。「誰か俺に女の子を連れてきてくれ！」とばかりに。ただし実際の上演では、鈴を振るジェスチャーを歌手がするとき、オーケストラ・ボックスで奏者がグロッケンシュピールを弾く。口パクの一種だ（なお上の手紙を読むに、この初演のときは舞台の袖に奏者が陣取って、シカネーダーの演技に合わせて弾いていたようだ）。

初演時の指揮はモーツァルト自身だったわけだが、彼はただ聴いているだけでは物足らなくなって、思わず指揮の手を止めて、自分でグロッケンシュピールのところに行って弾き始めたのであろう。そしてパパゲーノ役のシカネーダーと、即席芝居のようなボケ突っ込みをしてみせた。わざと違う音を弾いてみせてシカネーダーをびっくりさせ、あるいは弾くべきところで弾かず、まごついているシカネーダーを見てニヤリとしてから弾いてやり、それに対してシカネーダーは「なんですぐ弾いてくれないんだ！」とばかり、わざと大げさに鈴を振り回してみせた、そして劇場中が爆笑に包まれた――こんなかんじだったのであろう。

先の手紙でとりわけ私にとって印象的なのが、冒頭の「自分でもやってみたくなって」という一節である。たしかにこのグロッケンシュピールのパッセージには、誰もが思わず自分でやってみたくなる魔力がある。耳にした者なら誰しも——それを作曲したモーツァルトその人ですら——、ただ聴いているだけでは物足りなくて、自分で鈴を振り回してみたくなる。いってみれば、両親がやることを見て、「僕もやってみる！　僕にもやらせて！」とねだる子どもになってしまうのだ。そして許しが出ると、気に入った動作を飽くことなく繰り返す。やがてわざとメチャクチャをし始める。シカネーダーとのグロッケンシュピールのやりとりもまた、こうした童心に戻った愚にもつかない戯れにほかならない。

「あれ！」と叫ぶ子ども

『精神現象学』のなかで哲学者ヘーゲルは、お気に入りのものを指さして「あれ！　あれ！」と繰り返し叫ぶ幼児を、精神のもっとも低い発展段階だとした。ドイツ語で「あれ！」は「ダー」だから、「ダー！　ダー！　しかいえない子ども」という表現には明らかな揶揄があり、つまりは一種の阿呆だとみなされているのであろう。人間はこの幼児の段階から、徐々に精神を発展させていかねばならない。思考することを習得し、「大人」にならなければならない。それがヘーゲルの考え方だ。同じ身振り（口まねや物まね）を繰り返すことは、ヘーゲルにとっては幼児的なのである。

しかるにパパゲーノの鈴を特徴づけるのは、物まね性と反復性と遊戯性そのものである。困ることがあると鈴を振り回すしか能のないパパゲーノは、まさしく精神のもっとも低い幼児的段階にいるのである。高度に発展した精神をもつ大人の価値観からすれば、彼は「子ども」ないし「阿呆」以外の何ものでもない。にもかかわらず、モーツァルトがパパゲーノのために書いたグロッケンシュピールには、ひとたびそれを耳にすると、どんな人でも思わず真似をしたくなる魔力がある。それを繰り返したくなる。つまりモーツァルトの音楽は、人を大人から幼児段階に逆戻りさせてしまうのである。

交響曲のような長大な展開が必要な楽曲では、こんなことをしていてはいけない。同じ場所で堂々巡りしていてはいけない。人も音楽も成長しないといけないのであり、そのためには常に先の先まで見据えた計算が必要となってくる。交響曲はいってみれば大人の音楽であり、大人は「いま」に夢中になっていてはダメなのである。それに対して

パパゲーノのグロッケンシュピールは子どもの音楽であり、正反対の価値観がそれを規定する。「先を計算していたらいまの幸せを味わうことはできない」という考え方がそれである。

物まねを繰り返して飽くことのない幸福な人を、大人は「バカ」といい、「進歩がない」といい、「幼稚だ」という。しかし頭の片隅に先々の気がかりがあっては、子どもの幸福は手に入らないだろう。「いま」のことしか考えず、お気に入りの動作を繰り返す子どもだけに与えられる幸福というものがある。大人になるとそれはもう手に入らない。パパゲーノのグロッケンシュピールは、一瞬にして人をそんな子どもに戻してくれる魔法だ。

こんなパパゲーノの鈴を、私は「世界の位相を一瞬で変える音楽」と呼んでみたい。それが舞台に流れ始めるやいなや、世界の相が一変する。ときに味気なく、ときに憂鬱なこの世界が、突如として幸福の光輝で包まれる。そして一瞬のこの位相変化こそ、以前よりモーツァルトが得意中の得意としてきたものだった。「ところで話題を変えましょう」とばかり、一瞬で絶望を幸福に変えてしまうニ短調の幻想曲。『ポストホルン・

セレナーデ』における、死臭する墓場から生命力みなぎる祝典の只中への、思いがけぬ舞台転換。地獄の闇を一筆で現世の官能に書き換えてしまう『ドン・ジョヴァンニ』序曲。パパゲーノの鈴は、こんなモーツァルトの「世界の位相を一変させる音楽」の集大成だ。

人が神に近づくとき

グロッケンシュピールこそ出てこないが、『魔笛』のパパゲーノの出番のなかで絶対に忘れてはいけないメロディーがもう一つある。一幕後半のパミーナとの二重唱である。素朴だがピュアな官能が匂いたつ素晴らしい音楽で、これまたオルゴールにすぐ使えそうだ。ベートーヴェンはこの二重唱を主題にして、チェロとピアノのために『魔笛の主題による変奏曲』を書いた。

　この二重唱が歌われる劇状況は次のようなものだ。自分を助けに来たパパゲーノが、動物だか鳥だかよくわからない恰好をしているので、お姫様パミーナは仰天する。しかし彼がとてもやさしい心をもっているらしいことがわかり、二人は仲よく愛をたたえる二重唱を歌い始める。「愛を知る男の人は善い心ももっている／甘い衝動を一緒に感じるのが女のつとめ／愛を楽しみましょう／私たちはただ愛のみによって生きている」——ここでたたえられるのは、禁欲的な「神への愛」の対極、官能を含んだ男女の愛だ。実際この二重唱ではつづいて、「すべての生き物（被創造物）は愛に身を捧げる」と歌われる。人間も動物も性愛に身を捧げるのである。そして締めくくりの歌詞は次の通り。「男と女こそもっとも高貴なもの……男と女、女と男こそ神に至る道」——もっとも貴いのは生き物としての愛であり、男女が結ばれるときこそ、人は神に近づく……。

神々しいまでの優美さをたたえたこの二重唱もそうだが、モーツァルトは「地上のすべての人間と動物が仲良く暮らせる世界が、ひょっとすると本当に存在するのかもしれない」と聴き手に本気で思わせてくれるメロディーが書けた、音楽史でただ一人の作曲家であった。そして彼はこの輝くユートピアの音楽を、精神的なものへ向けて上昇する立派な人物にではなく、動物にとどまっているような間抜けに与えた。

『魔笛』のパパゲーノは、生まれてこのかた人間というものを見たことがなく、自身も一体人間なのか動物の一種なのかよくわかっていない存在として描かれている。「パパ

『ロビンソン・クルーソー』初版本の挿絵

ゲーノ」とはドイツ語のオウム、つまり「パパガイ」のもじりだ。まともにしゃべれず、オウム返しするだけ。二幕大詰めのパパゲーナとの二重唱——魔法の鈴を振ったパパゲーノの前に女の子があらわれ、そして二人が子だくさんの未来を歌う二重唱——は、次のように始まる。「パ……パ……パ……パパパッパッパ」——夢にまでみたガールフレンドを見つけて、パパゲーノはろれつが回らない。本当にオウムみたいなのだ。

パパゲーノは十八世紀に流行(はや)った「幸福な未開人」のイメージの人物である。文明社会の大人の言い方をすれば、彼は「幸せな阿呆」である。よりによってそんな彼に、モーツァルトは

『魔笛』全曲でひときわ輝く音楽を与えた。モーツァルトにとって「人が神に近づく」とは、精神の高みへ上昇することではなく、まだ人が動物から人間になりきるその手前に、つまり子どもに戻ることだった。

これだけは聴きたいモーツァルト名演奏

モーツァルトのおすすめ録音を挙げるのはとても難しい。「いい録音」は多くても、「決定的な録音」がほとんどないからである。決定的とはつまり、「その作品はそれ以外に考えられない」とまで人に思わせる演奏のことだ。モーツァルト作品とは永遠に人間には手が届かない幻影のようなものであって、どんなに素晴らしい演奏でも「まだもっと何かが可能だ」=「決定的ではない」と思わせてしまう。こんなところにもモーツァルトを弾く怖さはあらわれる。「天才」とは完璧なものを作る人のことであり、しかし「人間」とは永遠に不完全な存在でしかないことを思い知らされるのである。

わたしにとってほとんど唯一のモーツァルト演奏の「決定盤」は、フルトヴェングラーが指揮した『ドン・ジョヴァンニ』のライブ映像である。これとて無傷というわけではない。そもそもフルトヴェングラーの指揮が重すぎる。しかしそれでもなお「これ以上のものはまず考えられない」と思わせてくれる最大の理由は、主人公をチェーザレ・シエピが歌っていることである。

ドン・ジョヴァンニ役は本当に難しい。歌がうまくても容姿がふさわしくなくてはダメ。容姿がよくても歌がいまひとつでは話にならない。だがハンサムなだけではこれまたダメ。快活なコメディアンと悪魔のようなデーモンとヒロイックな高貴さとふるいつきたくなる優雅さのすべてを表現しなくてはならない。「二十世紀最高のドン・ジョヴァンニ歌手」とうたわれたシエピは、このすべての条件を満たしてくれる。おまけに本書でも示唆したよう、『ドン・ジョヴァンニ』は間違いなくモーツァルトの創作の核心にある作品だ。これを知らずしてモーツァルトの理解などできない。「おすすめ録音をただ一つ」といわれれば、わたしは躊躇なくこれを挙げる。他の歌手もすべて、歌も容姿の雰囲気も、役柄に完璧に合っている。

次に来るのはバイエルン国立歌劇場の『魔笛』DVDだろう。一九七九年にコヴェントガーデン歌劇場が来日公演でもってきた『魔笛』は同じ舞台であり、それはわたしが初めて見た本格的なオペラであった。また同舞台はミュンヘン大学留学中も何度も見ることになった。エヴァーディングの演出はこの作品のメルヘン的な雰囲気をじつにうまく表現している。

他の録音については順不同である。以下はいずれも、わたしが作品の素晴らしさをそれによって知ることになった録音だ。聴き込んだ演奏というものは、その作品についての人のイメージを深く規定することになるから、本書におけるわたしのモーツァルト像も、以下の録音に相当影響されていると思う。

まず『ポストホルン・セレナーデ』についてはジョージ・セル指揮の演奏。端正さと爆発的な高揚感のバランスが見事のひとこと。『幻想曲』ニ短調については本文中でも言及したフリードリッヒ・グルダのライブDVD。ピアノ協奏曲第二十五番はバレンボイムのピアノとオットー・クレンペラーの壮大な指揮で。バレンボイムがとても若かったころの演奏で、オーケストラが圧倒的。またピアノ協奏曲第二十七番については、フランスの名匠ロベール・カサドゥシュのピアノとジョージ・セルの指揮で、わたしは作品の素晴らしさを知った。あまりにもシンプルすぎ、誰がやっても「いじりすぎ」と聴こえてしまうこの協奏曲において、カサドゥシュの淡々としたピアノは煩雑の印象をまったく与えない唯一の録音だ。これだけ純度が高いモーツァルト演奏は少ない。

クラリネット五重奏については、レオポルト・ウラッハの古い録音が最高である。往年のウィーン・フィルの首席奏者としてあまりに名高いウラッハのクラリネットは、その淡いメランコリーを漂わせる音色が比類ない。このクラリネット五重奏については、これを永遠に超えることのできない名盤と思っている人は多いはずで、わたしもその一人だ。こういうひなびた音色はもう今の音楽界からは完全に消えてしまった。

ひょっとするとあと一つ、これを「超えることは出来ない」と思わせるモーツァルト録音があるとすると、最晩年のホロヴィッツがライブで弾いたピアノ・ソナタや『ロンド』のＤＶＤである（ウィーンやモスクワでのライブ）。二十世紀最大のピアニストとうたわれたホロヴィッツだが、天下無敵の超絶技巧を誇っていたころのモーツァルトは、はっきりいってひどいものであった。剛腕でズタズタに切り刻むようで、「あのホロヴィッツですらモーツァルトでは滅茶苦茶になる」という、モーツァルト演奏の怖さの見本のようなところがあった。しかし最晩年、すさまじかった技巧も衰え、拍手喝さいを得るためではなく、ただ自分だけのためにつま弾くといった境地になってからの彼のモーツァルトは、本当に比類がない。私が本書の最後で書いたような最晩年のモーツァルトの童心とは、まさにこういうものであったかと思う。

・**『ドン・ジョヴァンニ』** ヴィルヘルム・フルトヴェングラー（指揮）、ウィーン・フィルハーモニー管弦楽団、一九五四年、DVD、ドイツ・グラモフォン

・**『魔笛』** ヴォルフガング・サヴァリッシュ（指揮）、バイエルン国立歌劇場、一九七二年、DVD、EMI

・**『ポストホルン・セレナーデ』** ジョージ・セル（指揮）、クリーヴランド管弦楽団、一九六九年、CD、ソニーミュージック

・**『幻想曲』ニ短調** フリードリッヒ・グルダ（ピアノ）、一九九五年

・**ピアノ協奏曲第二十五番** ダニエル・バレンボイム（ピアノ）、オットー・クレンペラー（指揮）、ニューフィルハーモニア管弦楽団、一九六七年、CD、EMI

・**ピアノ協奏曲第二十七番** ロベール・カサドゥシュ（ピアノ）、ジョージ・セル（指揮）、コロンビア交響楽団、一九六二年、CD、ソニーミュージック

・**クラリネット五重奏曲** レオポルト・ウラッハ（クラリネット）、ウィーン・コンツェルト

ハウス四重奏団、一九五一年、CD、ユニバーサルミュージック

・**ピアノ・ソナタ第十番ハ長調**　ウラディミール・ホロヴィッツ（ピアノ）、一九八六年、DVD、ソニーミュージック

・**『ロンド』イ短調**　ウラディミール・ホロヴィッツ（ピアノ）、一九八八年、DVD、ドイツ・グラモフォン

モーツァルト略年表

※年表内の〈 〉でくくられた数字は、この事項・作品に言及された本文の頁を表わす

西暦	年齢	モーツァルト関連事項	主要作品
1756	0歳	1月27日、ザルツブルクに生まれる。7月、父レオポルトが書いたヴァイオリン教則本が刊行され、ヒットとなる〈27頁〉。	
1759	3歳	父の書いた『ナンネルの楽譜帳』による姉のレッスンを見ていたモーツァルトが、ピアノで3度の和音を弾きはじめ、はじめて音楽の才能を示す。	
1760	4歳	父による音楽、読み書きや算術の教育が始まる〈34頁〉。	
1761	5歳	モーツァルトのはじめての作品が誕生。9月、ラテン語の学校劇『ハンガリー王ジギスムンドゥス』に踊り手として出演する。	ピアノのためのアンダンテ、アレグロ、メヌエット等6曲

年	年齢	出来事	作品
1762	6歳	1月、父、姉とともに3週間のミュンヘン旅行。これが演奏旅行のはじまり。9月、家族で約4カ月の第1次ウィーン旅行〈34頁〉。女帝マリア・テレジアの御前で演奏し、称賛を浴びる。	
1763	7歳	6月、家族で西方（ドイツ各地、ベルギー、パリなど）への大旅行へ出発〈34頁〉。各地で単独の、あるいは姉と2人の演奏会を催し、天才児として知られるようになる。この旅で数々の王侯貴族や名士との出会い。	ピアノのための小品、ピアノとヴァイオリンのためのソナタ（KV.8、9）を出版
1764	8歳	4月、パリからロンドンへ。	最初の交響曲第1番（KV.16）、ピアノとヴァイオリンまたはフルートのためのソナタ6曲
1765	9歳	2月、モーツァルトの最初の交響曲（KV.16、19など）を演奏会で披露。8月、ロンドンからオランダへ。	

年	年齢	出来事	作品
1766	10歳	オランダから、パリ、スイス、ドイツ各地を経て、11月末ザルツブルクに帰郷。	
1767	11歳	3月、オラトリオ『第1戒律の責務』、5月、喜劇『アポロとヒアツィントゥス』を初演。9月、家族で1年4カ月にもおよぶ第2次ウィーン旅行へ出発。	『第1戒律の責務』(KV.35)、『アポロとヒアツィントゥス』(KV.38)
1768	12歳	9月、はじめてのオペラ『ラ・フィンタ・センプリチェ』の上演が企画されるも、妨害にあって中止となる。オペラ『バスティアンとバスティエンヌ』が初演される。	
1769	13歳	1月、ランバッハ修道院を訪問し、『ランバッハ交響曲』を贈呈。その後、ザルツブルクに帰郷。5月、『ラ・フィンタ・センプリチェ』がようやく初演される。11月、ザルツブルク宮廷楽団の無給のコンサート・マスターに任命される。12月、父と2人で第1次イタリア旅行へ出発〈50頁〉。	最初の弦楽四重奏曲『ローディ』(KV.80)

年	年齢	事項	作品
1770	14歳	6月、古代ローマやポンペイの遺跡などを見学。7月、ローマで教皇クレメンス14世から「黄金拍車の騎士」の称号を受ける。この旅で、王侯貴族のみならず、多くの名演奏家とも交流。ボローニャで大音楽理論家、ジャン・バッティスタ・マルティーニ師に作曲の指導を受ける。	オペラ『ポントの王ミトリダーテ』(KV.87)
1771	15歳	1月、ヴェローナのアカデミア・フィラルモニカから名誉学長の称号を授与される。3月にザルツブルクに帰郷。8月、父とともに第2次イタリア旅行へ出発。10月、女帝マリア・テレジアより作曲を依頼された祝典劇『アルバのアスカーニョ』の初演が大成功を収める。12月、ザルツブルクに帰郷。	オラトリオ『解放されたベトゥーリア』(KV.118)、『アルバのアスカーニョ』(KV.111)、劇的セレナーデ『シピオーネの夢』(KV.126)
1772	16歳	8月、有給のコンサート・マスターとなる。10月、父とともに第3次イタリア旅行。12月、オペラ『ルーチョ・シッラ』が上演され、大成功を収める。	音楽劇『ルーチョ・シッラ』(KV.135)

年	年齢	事項	作品
1773	17歳	3月、ザルツブルクに帰郷。7月から9月にかけ、父とともに第3次ウィーン旅行。マリア・テレジアをはじめ多くの王侯貴族や音楽家、著名人と交流。	ピアノ協奏曲第5番（KV.175）、弦楽四重奏曲（KV.168-173）、モテット『エクスルターテ・ユビラーテ』（KV.165）、多くの交響曲や夜曲等
1774	18歳	12月、父とともに第2次ミュンヘン旅行へ出発。	ピアノ・ソナタハ長調（KV.279）、ヘ長調（KV.280）、変ロ長調（KV.281）、変ホ長調（KV.282）、ト長調（KV.283）など〈60頁〉
1775	19歳	1月、何度も延期になっていた『偽りの女庭師』が初演され、大成功。3月、ザルツブルク帰郷。	ピアノ・ソナタニ長調（KV.284）
1776	20歳	ザルツブルクで宮廷音楽家として活動〈51頁〉。	3台のピアノのための協奏曲ヘ長調（KV.242）、セレナーデ第7番「ハフナー」（KV.250）、教会ソナタ、ミサ曲など

年	年齢	出来事	作品
1777	21歳	8月、演奏旅行のために退職を大司教に出願。9月、母とともに就職活動のためにパリに向けて出発〈52頁〉。途中立ち寄ったアウグスブルクで、従妹のベーズレと羽目を外す〈55頁〉。	ピアノ協奏曲第9番（KV.271）、フルート四重奏曲ニ長調（KV.285）
1778	22歳	1月、マンハイムでウェーバー家と交流。次女のアロイージアに恋をする〈56頁〉。3月、パリに到着。7月、母が死去〈57頁〉。パリでの就職活動は失敗に終わり、12月、アロイージアに会うためにミュンヘンに赴くも、失恋〈59頁〉。	ヴァイオリン・ソナタホ短調（KV.304）、ピアノ・ソナタイ短調（KV.310）〈114、161頁〉、フルートとハープのための協奏曲（KV.299）、交響曲第31番「パリ」（KV.297）
1779	23歳	1月、ベーズレを伴ってザルツブルクに帰郷〈62頁〉。ザルツブルクの宮廷楽団にオルガニストとして再任される。	『ポストホルン・セレナーデ』（KV.320）〈62、162頁〉、『戴冠式ミサ』（KV.317）〈220頁〉
1780	24歳	9月、のちに『魔笛』の台本を書くシカネーダーと親しくなる。『イドメネオ』の作曲依頼を受け、11月、ミュンヘンに向けて出発。	『イドメネオ』（KV.366）の作曲を開始

年	年齢	事項	作品
1781	25歳	1月、『イドメネオ』の初演。3月、大司教コロレドの命令によりウィーンへ呼び出される〈73頁〉。5月、ウィーンに来ていたウェーバー家の邸宅に引っ越す〈75頁〉。父からの離別〈74頁〉。大司教とも決裂し、ウィーン定住とフリーの音楽家として生きていくことを決意。6月、アルコ伯爵の足蹴にあい、解雇される〈74頁〉。7月、皇帝ヨーゼフ2世より『後宮からの逃走』作曲の委嘱を受ける〈80頁〉。12月、アロイージアの妹、コンスタンツェとの結婚の意向を手紙で父に伝える〈76頁〉。	木管のためのセレナーデ第11番変ホ長調（KV.375）〈203頁〉
1782	26歳	フリーの音楽家としての活動を本格的に開始。7月、『後宮からの逃走』初演が大成功を収める〈81頁〉。8月、父の同意を得ずにコンスタンツェと結婚〈78頁〉。	『幻想曲』ニ短調（KV.397）〈171、233頁〉、『後宮からの逃走』（KV.384）〈80頁〉、ピアノ協奏曲第12番（KV.414）〈107頁〉、交響曲第35番「ハフナー」（KV.385）、弦楽四重奏曲第14番「春」（KV.387）

年	年齢	出来事	作品
1783	27歳	1月、のちの3大オペラの台本を書くことになるロレンツォ・ダ・ポンテと知り合う。6月、長男が誕生するが、2カ月後に死亡。7月、コンスタンツェとともにザルツブルクに里帰り。	ピアノ協奏曲第11番（KV.413）、第13番（KV.415）、ミサ曲ハ短調（KV.427）〈215頁〉、交響曲第36番「リンツ」（KV.425）
1784	28歳	2月、『自作品目録』をつくり、作品の記録をとり始める。ピアニストとしての演奏活動が活発になる。9月、次男が誕生。豪邸「フィガロ・ハウス」に引っ越す。12月、フリーメーソンに入信〈106頁〉。	ピアノ協奏曲第14番（KV.449）、第15番（KV.450）、第16番（KV.451）〈102頁〉、第17番（KV.453）、第18番（KV.456）、第19番（KV.459）、ピアノ五重奏曲変ホ長調（KV.452）、ピアノ・ソナタハ短調（KV.457）
1785	29歳	1月、自宅にハイドンや他の友人たちを招き、ハイドン弦楽四重奏を演奏。2月、父レオポルトがウィーンを訪問〈117頁〉。演奏活動がさらに活発になる。9月、『フィガロの結婚』の作曲開始。	ハイドン弦楽四重奏を完成〈122頁〉、歌曲『すみれ』（KV.476）、ピアノ協奏曲第20番（KV.466）、第21番（KV.467）、第22番（KV.482）、『フリーメーソンのための葬送行進曲』（KV.477）〈223頁〉

年	年齢	出来事	作品
1786	30歳	5月、『フィガロの結婚』の初演が大成功を収める。10月、三男が生まれるが、ひと月足らずで死亡。	『フィガロの結婚』（KV.492）〈93、126、132頁〉、交響曲第38番「プラハ」（KV.504）〈123、168頁〉、ピアノ協奏曲第23番〈192頁〉から第25番〈19頁〉
1787	31歳	1月、『フィガロの結婚』のプラハでの評判を受けて、妻とともにプラハに招かれ、大歓待を受ける。4月、経済的な逼迫により引っ越し。5月、父レオポルト死去〈119頁〉。10月、プラハを再訪し、初演した『ドン・ジョヴァンニ』が大反響を巻き起こす。12月、前任のグルックの死去を受けて、ウィーンの宮廷作曲家に任命される。年末に長女が誕生するが、半年で死亡。	『ドン・ジョヴァンニ』（KV.527）〈62、66、118、128、132、166頁〉、『音楽の冗談』（KV.522）〈125頁〉、『アイネ・クライネ・ナハトムジーク』（KV.525）〈175頁〉、弦楽五重奏曲第3番ハ長調（KV.515）〈184頁〉、『ロンド』イ短調（KV.511）〈228頁〉

年	年齢	出来事	作品
1788	32歳	5月、『ドン・ジョヴァンニ』のウィーン初演。6月、経済的状況がさらに悪化し、プフベルクへの借金申し込みの手紙が始まる〈196頁〉。	ピアノ協奏曲第26番「戴冠式」〈KV.537〉、最後の3大交響曲（第39番〔KV.543〕、第40番〔KV.550〕、第41番「ジュピター」〔KV.551〕〈168、182頁〉）、ピアノ・ソナタハ長調〈KV.545〉〈175頁〉、ディヴェルティメント変ホ長調〈KV.563〉
1789	33歳	経済的にますます困窮し、引っ越し。4月から6月にかけて、プラハ、ドイツ各地を旅行。8月、コンスタンツェが病気による療養のためバーデンへ旅立つ。11月、次女が誕生するが死亡。	クラリネット五重奏曲〈KV.581〉〈190、197頁〉
1790	34歳	1月、ウィーンで『コシ・ファン・トゥッテ』が初演され、大好評を博す。2月、皇帝ヨーゼフ2世が死去。9月、その跡を継いだレオポルト2世の戴冠式に出席するために自費でフランクフルト旅行。	『コシ・ファン・トゥッテ』〈KV.588〉〈120、129、135、142頁〉、弦楽五重奏曲ニ長調〈KV.593〉〈197頁〉

年	年齢	できごと	作品
1791	35歳	7月、四男誕生。8月、皇帝レオポルト2世のボヘミア王としての戴冠式のため、妻とともに第3次プラハ旅行に発ち、『皇帝ティトゥスの慈悲』を上演。11月21日から病床に伏し、12月5日夜半にコンスタンツェとその妹ゾフィーに看取られて、35年の生涯を閉じる。	『春への憧れ』(KV.596)〈205頁〉、グラス・ハーモニカのための『アダージョとロンド』(KV.617)〈233頁〉、ピアノ協奏曲第27番(KV.595)〈200頁〉、『皇帝ティトゥスの慈悲』(KV.621)、『魔笛』(KV.620)〈68、233頁〉、『アヴェ・ヴェルム・コルプス』(KV.618)〈219頁〉、クラリネット協奏曲(KV.622)〈204頁〉、未完の『レクイエム』(KV.626)〈215頁〉

モーツァルト作品索引

マ　行

ヤ　行

ラ　行

ワ　行

人名索引

ア 行

カ 行

サ 行

タ 行

ナ 行

ハ 行

chikuma primer shinsho

ちくまプリマー新書 358

モーツァルト　よみがえる天才(てんさい)3

二〇二〇年九月十日　初版第一刷発行

著者　岡田暁生（おかだ・あけお）

装幀　クラフト・エヴィング商會

発行者　喜入冬子

発行所　株式会社筑摩書房
東京都台東区蔵前二－五－三　〒一一一－八七五五
電話番号　〇三－五六八七－二六〇一（代表）

印刷・製本　株式会社精興社

ISBN978-4-480-68383-0 C0273　Printed in Japan